Limites da autonomia dos credores na recuperação da empresa insolvente

Limites da autonomia dos credores na recuperação da empresa insolvente

2013

Madalena Perestrelo de Oliveira
Assistente convidada e doutoranda
da Faculdade de Direito da Universidade de Lisboa

**LIMITES DA AUTONOMIA DOS CREDORES
NA RECUPERAÇÃO DA EMPRESA INSOLVENTE**
AUTORA
Madalena Perestrelo de Oliveira
EDITOR
EDIÇÕES ALMEDINA, S.A.
Rua Fernandes Tomás, nºs 76-80
3000-167 Coimbra
Tel.: 239 851 904 · Fax: 239 851 901
www.almedina.net · editora@almedina.net
DESIGN DE CAPA
FBA.
PRÉ-IMPRESSÃO
EDIÇÕES ALMEDINA, SA
IMPRESSÃO E ACABAMENTO
DPS – DIGITAL PRINTING SERVICES, LDA
Outubro, 2013
DEPÓSITO LEGAL
366143/13

Apesar do cuidado e rigor colocados na elaboração da presente obra, devem os diplomas legais dela constantes ser sempre objeto de confirmação com as publicações oficiais.
Toda a reprodução desta obra, por fotocópia ou outro qualquer processo, sem prévia autorização escrita do Editor, é ilícita e passível de procedimento judicial contra o infrator.

 GRUPOALMEDINA

BIBLIOTECA NACIONAL DE PORTUGAL – CATALOGAÇÃO NA PUBLICAÇÃO
OLIVEIRA, Madalena Perestrelo de
Limites da autonomia dos credores na recuperação
Da empresa insolvente. – (Monografias)
ISBN 978-972-40-5275-5
CDU 347

Para os meus pais,
Para a Ana e para o João,
Para o Álvaro,

LISTA DE ABREVIATURAS

2d. Circ.	*Second Circuit*
A. 2d.	*Atlantic Reporter Second Series*
AG	*Aktiengesellschaft*
AktG	*Aktiengesetz*
BACPA	*Bankruptcy Abuse Prevention and Consumer Protection Act*
BC	*Bankruptcy Code*
Bschl.	*Beschluss*
BFDUC	*Boletim da Faculdade de Direito da Universidade de Coimbra*
BGH	*Bundesgerichtshof*
BGHZ	*Bundesgerischtshofs in Zivilsachen*
BT-Drucks.	*Bundestag Drucksache*
CC	*Código Civil*
CDO	*Collateralized debt obligations*
CDS	*Credit Default Swaps*
CE	*Comissão Europeia*
CIRE	*Código da Insolvência e Recuperação de Empresas*
Coord.	*Coordenação*
CPA	*Código do Procedimento Administrativo*
CPEREF	*Código dos Processos Especiais de Recuperação da Empresa e de Falência*
CRP	*Constituição da República Portuguesa*
CSC	*Código das Sociedades Comerciais*
CVM	*Código dos Valores Mobiliários*

DiskE	Diskussionsentwurf
DSR	Direito das Sociedades em Revista
ESUG	Gesetz zur weiteren Erleichterung der Sanierung von Unternehmen
EURIBOR	European Interbank Offered Rate
FMStG	Finanzmarktstabilisierungsgesetz
FS	Festschrift
GG	Grundgesetz
Giur. Comm.	Giurisprudenza Commerciale
GmbHR	GmbHRundschau (Gesellschafts- und Steuerrecht der GmbH und GmbH & Co.)
GSV	Gläubigerschutzvereinigung Deutschland
InsO	Insolvenzordnung
InsO-E	Insolvenzordnung- Gesetz zur weiteren Erleichterung der Sanierung von Unternehmen
ISDA	International Swaps and Derivatives Association, Inc.
KO	Konkurzordnung
LC	Ley Concursal
LG	Landgericht
LGT	Lei Geral Tributária
LIBOR	London Interbank Offered Rate
LJ	Law Journal
MP	Ministério Público
MTM	Mark-to-market
NAIC	National Association of Insurance Comissioners
NZG	Neue Zeitschrift für Gesellschaftsrecht
Org(s).	Organizador(es)
OTC	Over the counter
PER	Processo Especial de Revitalização
PCG	Principles of Corporate Governance
RDS	Revista de Direito das Sociedades
RD	Regio Decreto
Ref.E	Referatsentwurf
Reg.E	Regierungsentwurf
RG	Reichsgericht

RGICSF Regime Geral das Instituições de Crédito e Sociedades Financeiras
Riv. Soc. Rivista delle società
ROHG Reichsoberhandelsgericht
SNAC Standard North American Corporate Contracts
STBG Strafgesetzbuch
USC United States Code
ZGR Zeitschrift für Unternehmens- und Gesellschaftsrecht
ZInsO Zeitschrift für das gesamte Insolvenzrecht
ZIP Zeitschrift für Wirtschaftsrecht

Capítulo I
A autonomia dos credores no processo de insolvência: reflexão em torno do novo regime legal

1. Introdução
O grau de autonomia a conceder aos credores no processo de insolvência está longe de ser claro nos vários sistemas jurídicos. Os estudos levados a cabo sobre a matéria em ordenamentos jurídicos estrangeiros – apesar de ainda relativamente incipientes – conduzem a resultados não uniformes: enquanto para uns é de aplaudir o aumento da autonomia dos credores [1], para outros este é, no mínimo, altamente duvidoso[2]. Compreensivelmente, o tema tem ganho, entre

---

[1] Cf., *v.g.*, ROLF STÜRNER, "Aufstellung und Bestätigung des Insolvenzplans", *Insolvenzrecht im Umbruch. Analysen und Alternativen*, Dieter Leipold (org.), Köln, Berlin, Bonn, München, Heymann, 1991, pp. 41-49 (48); TORSTEN STEINWACHS, "Die Wahl des vorläufigen Insolvenzverwalters durch den (vorläufigen) vorläufigen Gläubigerausschuss nach dem "ESUG"", *ZInsO*, 10, 2011, pp. 410-412 (410). Aliás, é o objetivo de alargamento da autonomia dos credores que surge na *DiskE* (Entwurf v. 9.7.2010), *RefE* (Entwurf 25.1.2011), *RegE* (Entwurf v. 23.2.2011) para a elaboração da ESUG: visou-se tornar os credores mais influentes no processo, especialmente no que respeita à nomeação do administrador da insolvência.
[2] Cf., *v.g.*, GERHARD PAPE, "Gesetz zur weiteren Erleichterung der Sanierung von Unternehmen", *ZInsO*, 24, 2011, pp. 1033-1041 (1034).

nós, como noutros países, relevância crescente[3], à medida que as alterações legislativas, um pouco por toda a parte, obrigam a repensar as consequências do alargamento do poder dos credores e, sobretudo, a refletir sobre os deveres que sobre estes hão de recair como contrabalanço[4]. Está sempre em causa, no fundo, definir as fronteiras dos poderes dos credores no processo de insolvência. É, pois, nesta dupla perspetiva dos poderes e deveres dos credores que se orienta o nosso estudo, sob o pano de fundo das modificações introduzidas pela Lei nº 16/2012, de 20 de abril, que pretendeu – embora apenas aparentemente – a revalorização do papel do plano de insolvência e, com ele, também, da intervenção dos credores no processo.

É certo que, já em 1994, quando surgiu na Alemanha o plano de insolvência, com a aprovação da *Insolvenzordnung*[5], este foi apelidado de "pedra de toque"[6] do processo de insolvência. Em Portugal,

---

[3] A importância, em geral, dos temas de direito da insolvência nem precisa de ser sublinhada. Já em 1995 escrevia CARLOS FERREIRA DE ALMEIDA, "O âmbito de aplicação dos processos de recuperação da empresa e de falência: pressupostos objectivos e subjectivos", *Boletim da Faculdade de Direito da Universidade de Lisboa*, vol. XXXVI, 1995, pp. 383-400 (384) que "o instituto da insolvência está na ordem do dia, porque é um daqueles em que se defrontam as clássicas tensões entre justiça e eficácia e entre protecção de interesses particulares e dos interesses de funcionamento global do sistema". A importância da matéria denota-se também, por outro lado, ao nível da tutela penal. Sobre esta, cf. MARIA FERNANDA PALMA, "Aspectos penais da insolvência e da falência: reformulação dos tipos incriminadores e reforma penal", *Boletim da Faculdade de Direito da Universidade de Lisboa*, vol. XXXVI, 1995, pp. 401-415.

[4] Cf. DIRK SCHULZ, *Treupflichten unter Insolvenzgläubigern*, Köln, 2003, p. 2.

[5] A *InsO*, de 5 de outubro de 1994, resulta de uma combinação do anterior *Konkursrecht*, baseado na liquidação universal e rateio pelos credores, com uma análise de direito comparado, que tinha por base a recuperação do devedor.

[6] Cf. ANTON BURGER/BERNHARD SCHELLBERG, "Der Insolvenzplan im neuen Insolvenzrecht", *Der Betrieb*, 47, 1994, pp. 1833-1837 (1833: o plano é a "*Kernstück der InsO*"). Os autores descrevem as (então) novas regras aprovadas, destacando o aumento de competências que o plano implicou para o tribunal – que se vê confrontado com a aplicação de regras como a proibição de obstrução e a proteção de minorias – e para o administrador da insolvência, que poderá ser compelido pelos credores a elaborar um plano. São aspetos que desenvolveremos *infra*. Para uma explicação curta e simplificada dos pressupostos e procedimento do plano de insolvência, cf. WALTER ZIMMERMANN, *Insolvenzrecht*, 5.ª ed., Heidelberg, 2003, pp. 127-131.

o plano apareceu primeiramente na versão original do CIRE, em 2004, escrevendo-se no preâmbulo do Decreto-lei nº 53/2004, de 18 de março, que o aprovou, que a introdução da figura resultou da inspiração da lei alemã e da reforma do direito falimentar italiano, então em curso[7]. As dificuldades de base da matéria são evidentes, considerando que a possibilidade de sucesso do plano de recuperação depende, antes de mais, de um juízo de índole económica[8] sobre a suscetibilidade de recuperação. São conhecidas, aliás, as tomadas de partido, na doutrina portuguesa, contra as soluções que, em geral, procuram alargar a recuperação em detrimento da liquidação[9]. Também noutros ordenamentos europeus, a ideia de recuperação foi encontrando oposição: decorridos alguns anos sobre a admissão do plano de recuperação na Alemanha, p. ex., acionou-se uma reação negativa do BGH, chegando este Tribunal a aconselhar o devedor a não apresentar um plano[10]. A situação veio a alterar-se, mais recentemente, após a aprovação da lei alemã relativa ao aprofundamento da facilitação do saneamento das empresas (*Gesetz zur weiteren Erlei-*

---

[7] As características e a natureza jurídica do plano são analisadas *infra*. Para já, diga-se apenas que este apresenta uma parte dispositiva (*"gestaltender Teil"*) e uma parte construtiva (*"darstellender Teil"*), ainda que esta distinção terminológica seja omitida na doutrina nacional que se pronuncia sobre o tema. Sobre ela, cf., *v.g.*, em FREGE/KELLER, *Insolvenzrecht* 3.ª ed., München, 2008, pp. 750 ss; UWE PAUL, "Rechtsprechunsübersicht zum Insolvenzplanverfahren 2011", *ZInsO*, 14/15/2012, pp. 613-618 (613 e 614).

[8] Cf. ANDREAS FRÖLICH/NICOLAS BÄCHSTÄDT, "Erfolgsaussichten eines Insolvenzplans in Eigenverwaltung", *ZInsO*, 23, 2011, pp. 985-991 (985). O autor apresenta os princípios que deverão guiar o administrador da insolvência provisório na avaliação da perspetiva de sucesso do plano, seja em aspetos económicos, seja em questões puramente jurídicas.

[9] Lembre-se, em especial, MENEZES CORDEIRO, "Introdução ao direito da insolvência", *O Direito*, ano 137, III, 2005, 465-506 (505). Note-se, porém, que as considerações são tecidas pelo autor confrontado com um diferente contexto económico, em que era bastante mais provável que uma empresa recuperável nunca chegasse a um processo judicial de recuperação por conseguir obter financiamento quer dos bancos, quer dos acionistas.

[10] Cf. Uwe PAUL, "§§ 231, 232 InsO: Planzurückweisung trotz vorliegender Stellungnahmen der Beteiligten? Anmerkung zu BGH, Beschl. v. 30.06.2011 – IX ZB 30/10", *ZInsO*, 07/2012, pp. 259 e 260 (259). A decisão em texto é Beschl. v. 16.12.2010. Porém, esta decisão acabou por ser alterada pela Beschl. v. 30.6.2011.

chterung der Sanierung von Unternehmen – ESUG) e da abundantíssima literatura a que, desde então, deu lugar. Julgamos, na verdade, que o sistema germânico vem sofrendo, como veremos adiante, um processo de aproximação do modelo norte-americano (*debtor-friendly*), e de afastamento da tradicional perspetiva continental tipicamente *creditor-friendly*, com a valorização da salvaguarda da empresa como fim principal do processo de insolvência. O confronto com os ordenamentos jurídicos estrangeiros revela que o direito português procura igualmente seguir semelhante processo, ainda que sem idêntico sucesso: a exposição de motivos da proposta de lei nº 39/XII, de 30 de dezembro de 2011 é clara a esse respeito.

Note-se que a compreensão do sistema português de insolvência e, em especial, do papel que neste é desempenhado pelos credores depende, inevitavelmente, de um estudo dos regimes vigentes em ordenamentos jurídicos estrangeiros, com especial destaque, antes de mais, para o alemão: além de este constituir a fonte direta e evidente de inspiração do legislador português, encontramos ponderadas, nesta ordem jurídica, inúmeras questões que igualmente entre nós merecem atenção. Se as respostas nem sempre são (ou devem ser) coincidentes, nem por isso a importância da análise do regime jurídico alemão é menor. Grande relevo tem também, inevitavelmente, a *insolvency law* norte-americana, considerando que esta representa uma perspetiva tradicionalmente diversa do problema, cuja adequação cada vez mais deve ser considerada, sobretudo pela incidência da recuperação nesta ordem jurídica e a sua valorização acrescida em face da liquidação, contrastante, como dissemos, com a tradicional perspetiva europeia do problema. Um contributo menor – mas que, ainda assim, deve ser assinalado – é dado pela *legge fallimentare* italiana[11]. Assim, para as soluções que propomos para o(s)

---

[11] Regio decreto 16 marzo 1942, nº 267, com alterações subsequentes. Em 1942, adota-se, finalmente, a ideia de "insolvenza", em substituição do anterior conceito de "cessazione dei pagamento", menos técnico e mais incerto. O *RD* não escapava, no entanto, a críticas. Dizia-se, aliás, que, face a uma norma mal formulada, a interpretação seria "impotente", o que levou o legislador italiano a proceder a várias reformas de regime. Cf. MARINA SPIOTA, "Opposizione allo stato passive: diritto intertemporale", *Giur. Comm.*, 37.1, Gennaio-Febbraio 2010, pp. 92-102/II, em anotação ao acórdão da *Cassa-*

problema(s) em apreciação, é essencial o contributo dado por ordenamentos jurídicos diferentes[12], ainda que não levemos a cabo um estudo de direito comparado em sentido próprio[13].

No que respeita ainda às dificuldades da matéria, a que aludíamos, deve lembrar-se, também, que outra acentuada dificuldade do plano de insolvência é a sua falta de aplicação prática: entre 2007 e 2008 apenas 0,12% dos processos de insolvência terão terminado com a aprovação de um plano, o que não significa sequer que depois da sua homologação estes tenham tido sucesso[14]. Mesmo sem acesso a dados mais atualizados, é conhecida a falta de incidência real do plano, que,

---

zione Civile, I sezione, 5 marzo 2009, n.º 5294. Depois da reforma portuguesa de 2004, o direito falimentar português aproximou-se, em larga medida, do italiano. A previsão do "concordato preventivo" – continuação da "moratória" prevista no *codice del commercio* de 1985 – assemelha-se ao PER português, tendo sido transposta, entre nós, apenas em 2012 e de forma ligeiramente diferente, uma vez que o PER é prévio ao processo. ROVERO ENZO, "Il concordato preventive: articoli da 160 a 186 della legga falimmentare", www.diritto.it. Sobre o regime italiano de exoneração do passivo restante, matéria que escapa ao nosso estudo, cf. ANGELO CASTAGNOLA, "L'esdebitazione del fallito", *Giur. Comm.*, I, 2006, pp. 448-458.

[12] Não estudamos, portanto, as insolvências transfronteiriças, ou seja, aqueles casos em que os efeitos da insolvência não se limitam ao território do Estado em que esta é declarada, estendendo-se ao conjunto de Estados em que o devedor tenha bens (princípio da universalidade). Cf. MARIA HELENA BRITO, "Falências internacionais. Algumas considerações a propósito do código da insolvência e da recuperação de empresas", *em Themis*, 2005, pp. 183-220 (186). Estas encontram o seu regime no Regulamento (CE) n.º 1346/2000, de 29 de maio de 2000, relativo aos processos de insolvência. O diploma, porém, não estabelece um direito europeu da insolvência, continuando a aplicar-se a lei interna de cada país. Cf. LUÍS DE LIMA PINHEIRO, "O regulamento comunitário sobre insolvência – uma introdução", *Nos 20 anos do Código das Sociedades Comerciais*, vol. III, Coimbra, 2007, pp. 153-198 (160-162). A única questão que se poderia levantar seria saber se o plano de insolvência, não previsto no Regulamento, também beneficiaria da remissão para o direito interno. Esta porém, não é a leitura acertada. Cf. os argumentos de CARVALHO FERNANDES/JOÃO LABAREDA, *Insolvências transfronteiriças – Anotado. Regulamento (CE) n.º 1346/2006, do Conselho*, Lisboa, 2003, p. 21.

[13] Sobre este e o papel e funções do direito comparado, cf. MADALENA PERESTRELO DE OLIVEIRA, "Abuso de representação e tutela de terceiros: estudo de direito comparado", *RFDUL* 50, n.ºs 1 e 2 (2009), 507-562

[14] Cf. Jornal de Notícias de 6 de dezembro de 2008. Não foi possível aceder a dados oficiais.

no contexto presente, obriga a refletir sobre as razões que lhe subjazem e sobre a desejabilidade de um alargamento da sua aplicação prática e a forma de o conseguir.

Além das dificuldades de fundo, de ordem geral, a autonomia dos credores confronta-se, por outro lado, com problemas específicos que se apresentam de árdua superação, como por exemplo a sua compatibilização com a intervenção do credor público e a satisfação prioritária dos respetivos créditos. Na verdade, não deixa de ter razão OBERMÜLLER, por exemplo, quando, em tom satírico, diz que, enquanto não for conseguida esta compatibilidade, o legislador deveria, pelo menos, ser honesto e alterar o § 1 InsO para "o processo de insolvência tem como objetivo a satisfação do Fisco à custa dos credores"[15]-[16]. A norma do § 55, (4), InsO, que qualifica como dívidas da massa as obrigações fiscais contraídas pelo administrador da insolvência temporário ou pelo devedor com o consentimento daquele (i.e., no decurso do processo), é vista, na Alemanha, como "absurda e artificial", representando um abandonar dos princípios do direito da insolvência alemão[17]. Aparentemente, em Portugal o art. 30º/2 e 3, LGT também bloquearia a possibilidade de se dispor do crédito tributário, incluindo no processo de insolvência. Não se pense, porém, que o preceito limita a aprovação de um plano quando exista um credor público. Enquanto for respeitado o princípio da igualdade e legalidade tributária o crédito poderá ser reduzido ou mesmo ex-

---

[15] Cf. MANFRED OBERMÜLLER, "Das ESUG und seine Auswirkungen auf das Bankgeschäft", ZInsO, 41, 2011, pp. 1809-1821 (1821). O autor formula o § 1 InsO: "Das Insolvenzverfahren dient dazu, den Fiskus auf Kosten der Gläubiger zu befriedigen".

[16] Em especial sobre os créditos tributários, cf., entre nós, RUI DUARTE MORAIS, "Os credores tributários no processo de insolvência", Direito e Justiça, vol. 19, tomo 2, 2005, pp. 201-229 (201), sublinhando que são muitas as questões que o processo de insolvência suscita relativamente aos créditos tributários, as quais "no domínio da legislação anterior, não mereceram a devida atenção da nossa doutrina, porventura em razão de um certo divórcio entre os fiscalistas e os cultores de outros ramos do Direito". O autor trata especificamente, entre outras matérias, dos créditos tributários e do plano de insolvência (ob cit., p. 221).

[17] Cf. GERHARD PAPE, "Gesetz cit., p. 1034, defendendo que, perante as quebras sistemáticas introduzidas, a reforma de 1994 tornou-se um fracasso.

tinto. Uma correta interpretação destes princípios fiscais revela que o credor público não constituirá obstáculo à recuperação da empresa, sendo, pelo contrário, seu interessado[18]. O problema não é estranho também no espaço italiano onde se nota a dificuldade de harmonizar um "concordato preventivo" e o pagamento integral dos créditos tributários. A questão é, aí, solucionada com recurso, essencialmente, ao princípio da igualdade entre credores[19].

Acresce ainda que é inevitável apontar que implícita no tema que nos ocupa está a questão mais ampla do papel e articulação dos diversos intervenientes no processo e dos órgãos da insolvência. Boas razões tem, por isso, SCHMIDBERGER (embora no direito alemão) para questionar até que ponto deve ir a autonomia dos credores e a consequente "automatização" dos tribunais à sua vontade. Para o autor, o tribunal, enquanto órgão neutro, não pode colocar-se numa posição de vinculação aos credores, pelo que terão de ser impostas fronteiras à autonomia destes, especialmente em confronto com outros princípios[20]. Este é, naturalmente, aspeto que merece ser igualmente ponderado entre nós no contexto da presente investigação.

Por fim, deve lembrar-se que o grau de autonomia dos credores tem impacto na posição de outros sujeitos que, embora sem participarem no processo de insolvência, são por ele diretamente influenciados. Pensamos em especial nos sócios das sociedades comerciais, completamente arredados, na lei da insolvência portuguesa, do processo, em oposição radical com o regime norte-americano e, desde

---

[18] A boa interpretação destes vetores é aquela que se harmoniza com os princípios que defendemos no capítulo II.
[19] Para outros argumentos que superem esta dificuldade, cf. LUCA MANDRIOLI, "Transazione fiscale e concordato preventivo tra lacune normative e principi del concorso", *Giur. Comm.*, 35.2, Marzo-Aprile 2008, pp. 296-325/I (312-316).
[20] Cf. BEATE SCHMIDBERGER, "Zur Stellungnahme der Gläubigerschutzvereinigung Deutschland e.V. (GSV) zum ESUG – Eine Replik aus der Praxis", *ZInsO*, 31/32, 2011, pp. 1407-1408 (1048). O autor apresenta a posição da *Gläubigerschutzvereinigung* (União de proteção dos credores alemã) acerca das alterações introduzidas à *InsO* pela *ESUG*: a grande crítica formulada é de que estas se direcionam essencialmente para as grandes empresas, enquanto as pequenas ficam, virtualmente, sem possibilidade de manter a administração pelo devedor ou de aprovar um plano de insolvência.

a ESUG, também com o regime alemão, diretamente inspirado, de resto, na *insolvency law* dos EUA.

Assim se torna clara a importância do estudo do tema dos limites da autonomia dos credores à luz destas diversas perspetivas, e também dos diferentes contributos dos ordenamentos jurídicos estrangeiros, que permitem lançar uma mais completa visão crítica e construtiva sobre o direito português da insolvência, em matéria de recuperação de empresas. O objetivo último é sempre evitar a "falência da falência" (*the bankruptcy of bankruptcy*)[21] que pode resultar das insuficiências da lei, descobrindo qual o grau de autonomia que, com esse fito em mente, deve ser atribuído ao credor.

2. O *"novo"* CIRE e a influência germânica (*InsO-E*) no alargamento dos poderes dos credores: aspetos gerais

O CIRE surge como resultado de uma "vantajos(a)"[22] influência da *Insolvenzordnung* alemã, ainda que (bem ou mal) não tenha sido transposta – pelo menos em toda a sua extensão – a ideia de fundo subjacente ao processo de insolvência nesta ordem jurídica: a concessão da máxima autonomia aos credores[23]-[24]. A aproximação das fontes

---

[21] SUSANNE BRAUN, "German insolvency act: special provisions of consumer insolvency proceedings and the discharge of residual debts", German LJ, vol. 7, nº 1, ano, pp. 59-70 (59).
[22] Cf. MENEZES CORDEIRO, "Introdução cit., p. 469.
[23] O objetivo é sempre aumentar a autonomia dos credores e, na medida do possível, tomar as melhores medidas para o devedor. Cf. ROLF RATTUNDE, "Das neue Insolvezplanverfahren nach dem ESUG", *GmbHR*, 8, 15.04.2012, pp. 455-461.
[24] Cf. NUNO MARIA PINHEIRO TORRES, "O pressuposto objectivo do processo de insolvência", *Direito e Justiça*, vol. 19, tomo 2, 2005, pp. 165-177 (166) afirma que o CIRE veio "revolucionar" o processo concursal, enfatizando que a escolha do termo não é excessiva: " é toda uma filosofia que perpassa pelo *iter* processual e que se encontra subjacente aos impulsos, às opções e às decisões que determinam a sorte do património do devedor", que consiste na satisfação dos direitos dos credores, acima de tudo. Em tom crítico a respeito da modificação sofrida pelo processo de insolvência em 2004, cf. JOSÉ DE OLIVEIRA ASCENSÃO, "Insolvência: efeitos sobre os negócios em curso", *Direito e Justiça*, vol. 19, tomo 2, 2005, pp. 233-261 (= *Estudos jurídicos e económicos em homenagem ao Prof. Doutor António de Sousa Franco*, vol. II, PAULO PITTA E CUNHA (coord.), Coimbra, 2006, pp. 255-280 (255), que fala num "terramoto no sistema em vigor", escrevendo: "o domínio da falência e insolvência sofre de novo um grande abalo. Já nos habituámos

alemãs não se esgotou, na verdade, no momento da génese do CIRE nem se perdeu com o passar dos anos, sofrendo a lei portuguesa processo equivalente ao da lei alemã: publicada a 13 de dezembro de 2011, entrou em vigor a 1 de março de 2012[25], na Alemanha, a já mencionada *Gesetz zur weiteren Erleichterung der Sanierung von Unternehmen* (ESUG), que modificou a InsO, ao mesmo tempo que em Portugal se alterou o CIRE. Se o objetivo comum aos dois regimes é claro, o regime português reflete uma tendência geral europeia, mais do que apenas uma *direta* influência alemã: a alteração do direito insolvencial português resultou do compromisso assumido no Memorando de Entendimento celebrado com a "Troika"[26] e foi operada em conformidade com o "Memorando de enquadramento das propostas de alteração ao Código da Insolvência e da Recuperação de Empresas"[27], com o objetivo essencial de reorientar o código para a promoção da recuperação, privilegiando-se a manutenção do devedor no giro comercial. O reconhecimento de que a situação económica do país exigia soluções dirigidas a evitar a liquidação de agentes económicos resultou, como melhor veremos, numa (pelo menos aparente) reorientação do CIRE para a revitalização e para o plano de insolvência, preferencialmente de recuperação, contanto que esta seja possível[28]-[29]. Na Alemanha, o regime da insolvência, terreno em contínua

---

a isto: o mal é começar a mudar. As leis fazem-se para ser efémeras e descartáveis, como os maravilhosos e caros produtos tecnológicos que nos são constantemente oferecidos como inovadores e logo ficam obsoletos".

[25] Com exceção dos arts. 4º, 5º, 7º e 8º da ESUG cuja entrada em vigor foi prevista para o dia 1 de janeiro de 2013.

[26] Banco Central Europeu, Comissão Europeia e Fundo Monetário Internacional. O compromisso era no sentido de se alterar o regime até dezembro de 2011.

[27] De 31 de agosto de 2011. Cf. Catarina Serra, "Emendas à (lei da insolvência) portuguesa – primeiras impressões", *DSR,* março 2012, ano 4, vol. 7, pp. 97-132 (98).

[28] Cf. exposição de motivos da Proposta de Lei nº 39/XII, de 30 de dezembro de 2011, onde se pode ler que cada agente que desaparece do mercado representa um custo para a economia, trazendo consigo desemprego, extinção de oportunidades comerciais e um generalizado empobrecimento do tecido económico português, dificilmente recuperável com o surgimento de novas empresas.

[29] A preocupação com a recuperação não é, todavia, uma absoluta novidade entre nós. De uma perspetiva histórica, no direito português, cf. Abílio Manuel de Morgado,

evolução[30], tem sido precisamente norteado pela ideia de que os agentes economicamente afetados pelo processo de insolvência devem ser, nele, os verdadeiros decisores[31]. Trata-se, em consequência, da ordem jurídica em que maior atenção se tem dado ao problema, particularmente na sequência da publicação da ESUG.

Embora a reação da doutrina à ESUG tenha sido heterogénea [32], foi unanimemente aplaudido o aumento da autonomia dos credores, sem prejuízo de algumas críticas que assinalaremos *infra*[33]. Quatro anos antes da entrada em vigor desta lei, a doutrina alemã ainda questionava se o plano de insolvência era uma "criatura desconhecida" ou antes um "fato feito à medida do processo de insolvência"[34]. A pergunta era devida: no período entre 1999 e 2005 dos 127.600 processos de insolvência, apenas 767 terão terminado, na Alemanha,

---

"Processos especiais de recuperação da empresa e de falência – uma apreciação do novo regime", *Ciência e técnica fiscal*, nº 370, abril-junho, 1993, pp. 51-113 (57 e ss.), que explica a tradicional visão da "falência como liquidação de património" e os primeiros passos para a "falência-saneamento", antes do CPEREF. Cf., posteriormente, Luís CARVALHO FERNANDES, "O Código da Insolvência e da Recuperação de Empresas na evolução do regime da falência no direito português", *Estudos em Memória do Professor Doutor António Marques dos Santos*, vol. I, Luís DE LIMA PINHEIRO/DÁRIO MOURA VICENTE/JORGE MIRANDA (orgs.), Coimbra, 2005, pp. 1183-1221 (1185 ss.), que trata também dos sistemas de "falência-liquidação" e de "falência-saneamento".

[30] Cf. UDO MÜLLER/HEIKO RAUTMANN, "Die Unzulässigkeit des Antrags als Folge der neuen Vorgaben des § 13 InsO", *ZinsO* 21/1012, pp. 918-921 (918).

[31] Os §§ 156 e 157 são um bom exemplo: o administrador da insolvência apresenta um relatório onde discute a possibilidade de manter a empresa insolvente em funcionamento e de redigir um plano, mas a decisão última sobre essa questão cabe aos credores, que podem, também, determinar que o administrador fique encarregado de preparar um plano de insolvência que será, por eles, votado. A autonomia dos credores saiu reforçada com a aprovação da ESUG.

[32] Assinalando as diferentes reações, cf. ACHTIM FRANK/JENS HEINRICH, "Ein Plädoyer für einen Wirksamen Beitrag zur Gläubigerautonomie im Insolvenzplanverfahren", *ZInsO*, 20, 2011, pp. 858-860 (858).

[33] Para além das críticas relevantes para o tema que tratamos, cf., ainda a extensa crítica feita por MARTIN JUNGCLAUS, "Zu einem dogmatischen Grungfehler des § 108a *InsO-E* in der Referententwurfs des BMJ v. 18.1.2012", *ZInsO* 17/2012, pp. 724-726 (725). No fundo, o autor defende que o § 180a não deveria existir, sendo suficiente o § 130 *InsO*.

[34] Cf. ERWIN GERSTER, "Insolvenzplan, "das unbekannte Wesen" oder "der Maßanzug des Insolvenzrechts"?", *ZInsO*, 8, 2008, pp. 437-445.

com a aprovação de um plano. O insucesso do plano era, então, atribuído essencialmente ao desconhecimento deste instrumento pelas partes no processo, bem como à desconfiança dos credores no seu potencial e ao preconceito existente quanto à sua utilização, especialmente no caso das grandes empresas[35]. Apontava-se, igualmente, alguma desadequação do procedimento[36]-[37]. Apesar disso, utilizando a analogia de GERSTER, este instrumento já era visto como o "fato" do processo de insolvência, que apenas precisava de um bom "alfaiate" para se tornar mais forte e eficiente[38]. No entanto, é certo que até à entrada em vigor da ESUG, o direito da insolvência surgia, exclusivamente, como um direito de responsabilidade patrimonial, orientado para a satisfação, da melhor forma possível, dos direitos dos credores, sem que outras finalidades devessem ser tomadas em consideração. Conquanto a recuperação da empresa pudesse ser, já então, um dos fins do processo, nem sempre deveria aparecer como primeira linha, conforme se sublinhava, então, nas obras sobre a matéria[39]. Desde a data em que eram tecidas semelhantes considerações, o cenário alterou-se, colocando-se agora a questão de saber se a ESUG terá sido um bom "alfaiate" do plano de insolvência.

Facilmente se vê, portanto, que as mudanças que ocorreram no direito português e as questões que agora se levantam não são exclusi-

---

[35] Este preconceito foi, em parte, eliminado perante a situação da *Herlitz AG*, em cuja restruturação foi utilizado, pela primeira vez, um plano de insolvência para uma grande empresa alemã. Também a *Senator Entertainment AG* foi reestruturada, com recurso a um plano que, de forma pioneira, implicou uma redução de capital acompanhada de um subsequente aumento. No fundo, a conhecida operação "harmónio".
[36] Salientando e desenvolvendo cada um destes fatores, cf. GERSTER, "Insolvenzplan cit., pp. 438-440. Para o autor, estes inconvenientes deveriam ser solucionados com o desenvolvimento de regras de maior transparência e comunicação entre credores, para que fosse eliminada a desconfiança face ao "novo" instrumento processual.
[37] MÁRIO JOÃO COUTINHO DOS SANTOS, "Algumas notas sobre os aspectos económicos da insolvência da empresa", *Direito e Justiça*, vol. 19, tomo 2, 2005, pp. 181-189 (186 e ss.) apresenta as características que, do ponto de vista económico, deve apresentar "um *bom procedimento* falimentar", com diversas referências.
[38] Cf. GERSTER, "Insolvenzplan cit., p. 445.
[39] Cf. STEFAN SMID/ROLF RATTUNDE, *Der Insolvenzplan*, 2.ª ed., Stuttgart, Berlin, Köln, 2005, p. 3.

vamente nacionais, antes refletem problemas de cariz mais geral que têm sido objeto de estudo e reflexão noutros âmbitos. Contudo, entre nós, a pergunta prévia que assoma é a de saber se a alteração formal do art. 1º do CIRE e o redirecionamento aparentemente pretendido do processo de insolvência correspondem a uma real mudança de paradigma quanto ao fim principal deste, i.e., se da liquidação como regime-regra se criaram verdadeiras condições para se poder afirmar que passámos para um regime assente na recuperação como regra. Como é claro, a questão é especialmente relevante ao procurar determinar-se o papel dos credores no processo.

Curiosamente, o legislador português pretendeu, pelo menos na aparência, ir muito longe quando se trata de (re)valorizar a recuperação como via para alcançar o objetivo do processo, o qual, nos termos do art. 1º CIRE, continua, naturalmente, a ser a satisfação dos credores (à semelhança, aliás, do § 1 InsO). A lei portuguesa foi designadamente mais além – mas apenas na forma (não na substância) – do que a lei alemã, no art. 1º; enquanto na Alemanha se escreve que o objetivo principal do processo deve ser cumprido mediante a liquidação do património do devedor insolvente – e repartição, pelos credores, do produto obtido – ou, em alternativa, através de um plano de insolvência[40], em Portugal o plano de insolvência é agora apresentado como a principal forma de alcançar este fim. Numa quebra extrema com o anterior CIRE[41], a Lei nº 16/2012 alterou a redação do art. 1º, colocando o plano de insolvência no centro de gravidade do processo. Mais determinou que a opção pela liquidação do património do devedor apenas pode ser tomada caso "não se afigure possível" a satisfação dos credores pela forma prevista num plano.

---

[40] Este poderá determinar a recuperação da empresa insolvente, embora os §§ 217 e ss. não imponham esta opção, pelo que também poderá determinar a liquidação da empresa. Neste sentido, cf. HERWEG, *Das Obstruktionsverbot bei der Unternehmenssanierung*, Köln, 2004, p. 18.

[41] O anterior art. 1º CIRE dispunha que "O processo de insolvência é um processo de execução universal que tem como finalidade a liquidação do património de um devedor insolvente e a repartição do produto obtido pelos credores, ou a satisfação destes pela forma prevista num plano de insolvência, que nomeadamente se baseie na recuperação da empresa compreendida na massa insolvente".

O CIRE assume, portanto, a sua supletividade, exceto relativamente às disposições que regulam a formação, aprovação e execução do plano de insolvência.

Sendo o plano uma manifestação da autonomia privada, que permite o afastamento das regras legais que enformam o processo de insolvência, poderíamos afirmar que o novo art. 1º convola o CIRE num código construído para, preferencialmente, não ser aplicado. Nessa medida, dir-se-ia que, sem prejuízo de algumas regras legais injuntivas, a autonomia pretendida para os credores seria de âmbito máximo. Na Alemanha, autores como STEPHAN MADAUS[42] têm salientado a importância que deve ter na gestão de uma empresa insolvente ou em insolvência iminente a abertura de um processo de insolvência com o objetivo de aprovação de um plano. No entanto, apesar de esta ser, potencialmente, uma opção desejável para a gestão da empresa, a *InsO* não estabelece qualquer preferência pela aprovação do plano[43], ao contrário do art. 1º do novo CIRE.

A alteração da lei portuguesa, por outro lado, vai ainda ao encontro daquilo que, em 2003, já tinha sido também proclamado pelo legislador espanhol no preâmbulo da *LC*, onde se lê que o plano é a solução normal no processo de insolvência[44]. Neste ordenamento, não existe qualquer disposição legal semelhante à do art. 1º CIRE ou do § 1 *InsO* que indique o objetivo do processo. A preferência pelo plano sobre o processo geral retira-se, porém, do preâmbulo do diploma e da própria sistemática da lei: o título V começa por regular o plano (*"convenio"*) e só depois a liquidação, aspeto que não pode ser considerado irrelevante, especialmente considerando que em Portugal a liquidação parece continuar a assumir o papel primacial (no título VI, capítulo III) face ao plano (título IX).

Independentemente desta dicotomia liquidação/recuperação, nos diversos ordenamentos europeus, como objetivo principal do pro-

---

[42] *Der Insolvenzplan*, Tübingen, 2011, p. 46.
[43] Cf. MICHAEL FREGE/ULRICH KELLER, *Insolvenzrecht* cit., p. 747.
[44] No preâmbulo da LC lê-se: *"el convenio es la solución normal del concurso, que la ley fomenta con una serie de medidas, orientadas a alcanzar la satisfacción de los acreedores a través del acuerdo contenido en un negocio jurídico en el que la autonomía de la voluntad de las partes goza de una gran amplitud"*

cesso permanece a satisfação dos credores por via da realização máxima da responsabilidade do devedor. Já nos Estados Unidos o objetivo é diametralmente oposto, visando o *"fresh start"* a proteção do devedor contra atuações dos seus credores[45]. Este ponto de partida diferente tem uma razão histórica, assente nas dificuldades financeiras que, no século XIX, abalaram as companhias rodoviárias em virtude da indispensabilidade dos caminhos de ferro para a abertura dos Estados Unidos ao ocidente. Por isso se compreende a aposta na recuperação das empresas e na sua inerente proteção[46]. O condicionalismo económico americano influenciaria, inevitavelmente, o *Bankruptcy Act* de 1898 e encontraria continuidade, quanto aos seus fins, no capítulo 11 do BC.

A alteração do CIRE pretende, pois, afastar o regime português da lógica continental tradicional e tornar o plano o centro do processo, aproximando-se, em certo sentido, do regime norte-americano, não obstante o grande fosso que ainda permanece entre estes regimes. A obtenção do fim de recuperação da empresa encontra-se, porém, longe de estar garantida e são diversas as dúvidas que o atual regime legal suscita. Analisamos, de seguida, algumas das principais questões de ordem geral essenciais para a compreensão do âmbito da autonomia dos credores no processo de insolvência.

---

[45] Esta diferença de perspetiva fez com que, essencialmente a propósito da insolvência de pessoas singulares e da exoneração do passivo restante (*discharge* na lei norte-americana, *Restschuldbefreiung* na Alemanha ou *esdebitazione* em Itália), a lei norte-americana tenha sido qualificada como *debtor friendly* enquanto a *InsO* foi apelidada como *schuldnerfreundlich*. Cf. RÖMERMANN, em NERLICH/RÖMERMANN (orgs.), *Insolvenzordnung: InsO. Kommentar*, 22.ª ed., München, 2012, §§ 286-303; entre nós, cf. CATARINA SERRA, *O novo regime português da insolvência. Uma introdução*, 4.ª ed., Coimbra, 2010, pp. 132-134. Porém, tem-se questionado "quão *creditor friendly* a lei alemã realmente é". Assim, VOLKER BEISSENHIRTZ, "Creditor's rights in german insolvency proceedings – how effective are the procedural rules?", *International corporate rescue*, vol. 3, 2006, 6, pp. 316-321.

[46] Cf. HERWEG, *Das Obstruktionsverbot* cit., p. 31; MICHAEL JAFFÉ, "Restruktierung nach der InsO: Gesetzesplan, Fehlstellen und Reformansätze innerhalb einer umfassenden InsO-Novellierung aus Sicht eines Insolvenzpraktikers", *ZGR*, 2-3, 2010, pp. 248-263 (253).

3. Obrigação de apresentação de um plano de insolvência?

Por esclarecer fica, em primeiro lugar, o problema de saber se haverá um dever de apresentação de um plano de insolvência[47], que, *prima facie*, favoreceria o fim de recuperação da empresa, claramente visado pelo legislador de 2012. Trata-se de apreciar se, para além do poder de apresentar o plano, existirá um verdadeiro dever de o fazer.

O art. 1º do CIRE pareceria apontar nesse sentido, tal como a exposição de motivos da proposta de lei que deu origem à Lei nº 16/2012[48]. Com efeito, se a prevalência é dada à recuperação com base no plano, é razoável ponderar a vigência de uma obrigação de apresentação deste a cargo dos sujeitos com legitimidade para o fazer. Note-se, porém, que o art. 193º CIRE concede legitimidade para apresentar um plano de insolvência ao administrador da insolvência, ao devedor, a qualquer pessoa que responda legalmente pelas dívidas da insolvência e a qualquer credor ou grupo de credores cujos créditos representem, pelo menos, um quinto do total dos créditos não subordinados reconhecidos na sentença de verificação e graduação de créditos, ou na estimativa do juiz, se tal sentença ainda não tiver sido

---

[47] É, também, de alguma forma, dúbia a nova redação do art. 1º CIRE: "o processo de insolvência é um processo de execução universal que tem como finalidade a satisfação dos credores pela forma prevista num plano de insolvência, baseado, nomeadamente, na recuperação da empresa compreendida na massa insolvente, ou, quando tal não se afigure possível, na liquidação do património do devedor insolvente e a repartição do produto obtido pelos credores". Poderia questionar-se em relação a que aspeto é a liquidação supletiva. A letra do artigo deixa em aberto a possibilidade de ser o plano de insolvência a principal forma de satisfação dos credores, mas ser este, em primeira linha, um plano de recuperação e, apenas se esta modalidade de plano não fosse conseguida, dever existir um plano de liquidação. Porém, uma leitura conjugada do atual e do anterior art. 1º CIRE leva a concluir que o papel central no processo de insolvência deverá ser concedido ao plano, em qualquer das suas possíveis modalidades, e, apenas se não for possível aprovar um plano, o processo seguirá a via da liquidação, ou, nos casos de situação económica difícil ou de insolvência meramente iminente o processo especial de revitalização (art. 1º, nº 2, CIRE). Ou seja, a opção pela liquidação será supletiva face à satisfação dos credores pela forma prevista num plano.

[48] Na exposição de motivos pode ler-se que "as alterações que se propõem ao artigo 1º visam, por um lado, sublinhar que a recuperação dos devedores é, sempre que possível, primacial face à sua liquidação, desde que, obviamente, tal não prejudique a satisfação tão completa quanto possível dos credores do devedor insolvente".

proferida. Ora, a existir uma obrigação de aprovar um plano de insolvência, antes de se recorrer à liquidação, seria necessário determinar se a obrigação de apresentar um plano deveria recair sobre todos os sujeitos com legitimidade para o fazer, o que se traduziria numa multiplicação da mesma obrigação legal e numa consequente multiplicação de propostas de plano de insolvência, tornando o processo mais moroso, em contradição com a lógica subjacente à alteração legislativa. Parece-nos que uma obrigação de apresentar um plano apenas existe quando se encontre expressamente prevista, como acontece caso o devedor requeira a administração da empresa (art. 224º/2, b)). Porém, não vigorando uma obrigação com os contornos apontados, será, potencialmente, frustrado o objetivo de satisfação dos credores pela via preferencial do plano.

Afigura-se indefensável, na verdade, quer em termos teóricos quer práticos, que exista uma obrigação de apresentar um plano de insolvência. Em primeiro lugar, porque essa obrigação, a recair sobre todos os sujeitos com legitimidade ativa para o efeito, resultaria, com a sua discussão e votação, num prolongamento do processo que é precisamente o que se visa evitar quando se remete a decisão do futuro da empresa para a autonomia das partes. Este argumento deve ser ponderado com atenção. Se é certo que em todos os processos judiciais o tempo é um fator da maior importância – o que, aliás, encontra consagração legal na norma do art. 20º/4, CRP, que garante o direito a uma decisão em prazo razoável –, no processo de insolvência o decurso do tempo assume especial premência[49]. A apresentação, discussão e aprovação de um plano de insolvência implica que seja seguido o processo judicial que regula a sua correta formação, o que significa que os custos da manutenção da atividade da empresa[50]

---

[49] JAFFÉ, "Restruktierung cit., p. 252, faz notar que o plano que o devedor e os credores esperavam aprovar poderá tornar-se inútil com o passar do tempo, visto que muitas vezes o devedor não se apercebe das consequências do decurso do tempo depois de se apresentar à insolvência.

[50] Em Portugal, durante o processo de aprovação de um plano de insolvência, a massa insolvente continua a ser liquidada. Porém, isso poderá não acontecer, caso essa liquidação coloque em risco a execução de um plano proposto e o proponente do plano requeira a suspensão da liquidação (art. 206º, nº 1, CIRE). Fica em aberto saber se

continuarão a ter de ser por ela cobertos, apesar da sua falta de liquidez[51].

Para fazer face a este obstáculo, sempre poderíamos defender, é certo, que a obrigação de apresentar um plano de insolvência só vinculará quem requerer a declaração de insolvência[52], seja o próprio devedor (art. 18º CIRE), aquele que for legalmente responsável pelas suas dívidas, ou qualquer credor (art. 20º CIRE). No fundo, estender-se-ia ao art. 23º/2 CIRE mais um requisito quanto ao conteúdo da petição inicial: esta passaria a ter de ser acompanhada por uma proposta de plano de insolvência e, no que ao devedor diz respeito, acrescentar-se-ia ao dever de apresentação à insolvência do art. 18º um dever de apresentação de um plano. Porém, esta hipótese, para além de não encontrar apoio legal e de comportar consideráveis

---

durante o período de suspensão da liquidação a empresa deve cessar ou antes continuar a sua atividade. Se é certo que, exceto nos casos do processo especial de revitalização (arts. 17º-A ss. CIRE), a empresa insolvente deverá ser liquidada, quando se avança com um plano, o fecho da empresa poderá também inviabilizar a eficiência desse plano, nomeadamente por poder ter repercussões na clientela da empresa e na perda de trabalhadores especialmente qualificados. Na Alemanha, essa decisão é tomada pelos credores, em assembleia (§ 157 *InsO*).

[51] Chamando a atenção para o problema do fator tempo associado ao plano de insolvência, cf. STEPHAN MADAUS, *Der Insolvenzplan* cit., pp. 49 ss. Perante estes custos volumosos, terão de se criar incentivos à apresentação à insolvência, que tornem a aprovação de um plano mais vantajosa do que uma transação extrajudicial entre a empresa devedora e credores. É ainda apontada como desvantagem a perda do controlo da empresa que resulta da apresentação à insolvência, como veremos adiante. No entanto, este problema já é, em parte, resolvido pela *ESUG*. O autor criticava, antes da *InsO-E*, a falta de regulamentação da intervenção de terceiros no processo de elaboração do plano, ao contrário do que acontece no capítulo 11 do BC, em que os sócios da empresa devedora formam um grupo com direito de voto na aprovação do plano. Curiosamente, estas últimas falhas apontadas por MADAUS à regulação do plano de insolvência foram resolvidas pela *ESUG*, como explicaremos *infra*.

[52] LUÍS CARVALHO FERNANDES, "Efeitos substantivos da declaração de falência", *Revista da Faculdade de Direito da Universidade Católica Portuguesa*, volume IX, tomo 2, 1995, pp. 19-49 (19) escreve que a declaração de insolvência (então falência) implica uma "jurisdicionalização de uma *situação de facto* – a insolvência –, própria do devedor que, carenciado de meios patrimoniais e de crédito, está impossibilitado de cumprir pontualmente as suas obrigações".

inconvenientes práticos, nem seria apta para concretizar a supletividade que o legislador parece ter querido consagrar no art. 1º CIRE. Na verdade, a declaração de insolvência pode ser pedida por sujeitos que não têm legitimidade ativa para apresentar uma proposta de plano (art. 193º CIRE), pelo que, logo nestes casos, falharia a solução. Por exemplo, o Ministério Público, que pode requerer a declaração de insolvência, não tem legitimidade para apresentar um plano – o que bem se compreende – e o mesmo acontece com os credores cujos créditos não representem, pelo menos, um quinto do total dos créditos não subordinados reconhecidos na sentença de verificação e graduação. Nestes casos, voltaríamos à questão: como é que a liquidação em processo de insolvência pode ser supletiva face à existência de um plano sem que haja qualquer vinculação à sua apresentação? O problema talvez fosse mais facilmente solucionável perante o regime norte-americano, em que a norma do § 1121, (a), BC[53] confere legitimidade singular ao devedor para apresentar um plano de insolvência[54].

Sem conceder, mesmo que se pudesse adstringir as partes a apresentar uma proposta de plano, essa exigência seria excessivamente pesada para os sujeitos processuais. Em especial, se defendermos que o devedor tem, para além do dever de se apresentar à insolvência, ainda um dever de apresentar um plano, com os consequentes custos na sua elaboração, estaremos a desincentivar a apresentação à insol-

---

[53] No direito norte-americano o primeiro conjunto de normas sobre o direito da insolvência foi o *Bankruptcy Act* de 1898. Hoje é o *Bankruptcy Code* (o capítulo 11 do *USC*), de 1978, que regula a matéria.

[54] Os outros participantes no processo, como o *trustee*, a comissão de credores, a comissão de titulares de capital social, um credor ou um titular de capital social só poderão apresentar um plano se o devedor não o fizer nos 120 dias em que lhe é concedida legitimidade singular, ou se o plano por este apresentado não tiver sido aprovado no prazo de 180 dias e tiver sido nomeado um *trustee* (§ 1121, (c), *BC*). JAFFÉ, "Restrukturierung cit., p. 260, considera que seria proveitosa a transposição de regra similar para o ordenamento alemão. Em geral, perante a perspetiva crítica de JAFFÉ, KLAUS ULRICH SCHMOLKE, "Bericht über die Diskussion", *ZGR*, 2-3, 2010, pp. 264-269 (269), faz notar que é útil estudar e aproveitar as soluções de outros ordenamentos jurídicos, como o norte-americano, mas que também deveria JAFFÉ confiar um pouco mais no regime do seu país.

vência, ao contrário do pretendido pela Lei nº 16/2012. Por outro lado, no caso dos credores, impor-lhes este dever iria contra o objetivo geral do processo. Os credores pretendem, legitimamente, a satisfação dos seus créditos e não devem ser-lhes impostos encargos adicionais quando requerem a declaração de insolvência. Mais: muitos nem sequer terão condições para apresentar uma proposta de plano, por não serem para isso qualificados ou por falta de acesso à informação necessária. Seria, pois, (na melhor das hipóteses) manifestamente excessivo exigir aos credores que pretendem ser tutelados por meio do processo a apresentação de um plano de insolvência. Semelhante exigência iria contra os princípios insolvenciais.

De resto, mesmo que se defendesse a existência de uma obrigação de apresentar um plano, sempre se perguntaria qual seria a consequência do respetivo incumprimento. A obrigação de apresentar um plano não é suscetível de execução específica. Ainda que se admita que o art. 830º CC não se aplica apenas ao contrato-promessa mas também a outros contratos[55], não pode considerar-se que o tribunal possa substituir-se ao faltoso, elaborando o juiz um plano de insolvência. Quando o tribunal o fizesse, estaríamos, praticamente, a aplicar as regras gerais do processo de insolvência. A ideia subjacente ao plano – liberdade de estipulação – contraria, naturalmente, este entendimento.

Não se aceitando, pois, a execução específica deste dever, restaria ponderar a possibilidade de responsabilizar civilmente o faltoso. Porém, para além de ser duvidosa a verificação dos pressupostos da responsabilidade civil, mormente a existência de dano, a sua aplicação conduziria a resultados inaceitáveis. Se a obrigação de indemnizar recaísse sobre o devedor e este entrasse em incumprimento, a responsabilidade civil apenas sobrecarregaria ainda mais um devedor já insolvente. Se o inadimplente fosse um credor, estaríamos, uma vez mais, a frustrar o objetivo do processo de insolvência: a satisfação máxima dos credores.

---

[55] Neste sentido, cf., por todos, MENEZES CORDEIRO, *Tratado de direito civil português*, vol. II, tomo II, Coimbra, 2010, pp. 434-437.

Aliás, defender uma verdadeira subsidiariedade da liquidação do património do devedor face à aprovação de um plano de insolvência sempre contrariaria o art. 206º CIRE. A regra é que a apresentação de uma proposta de plano não suspende a liquidação da massa insolvente e da partilha do produto pelos credores. Ora, o art. 206º não foi modificado pela lei que alterou o CIRE, pelo que não poderá considerar-se que o art. 1º seja suficiente para estabelecer a subsidiariedade se não existem regras legais que tornem possível esse regime.

A ausência de subsidiariedade entre os dois meios legais (liquidação por meio do processo de insolvência e aprovação de um plano, que deverá ser preferencialmente de recuperação) e, portanto, a inexistência de genérica supletividade do CIRE é a solução que melhor se coaduna com a já referida finalidade do processo. A forma de conseguir uma mais perfeita satisfação dos credores deve ser ponderada em concreto e realizada pelo meio legal que se apresentar mais eficiente.

Face a estas conclusões, questionar-se-á, é certo, se a alteração do art. 1º CIRE foi desprovida de sentido ou de consequências jurídicas, ainda que indiretas. Parece-nos que a resposta deve ser negativa. A alteração da redação do artigo traduz, indubitavelmente, uma tendência de valorização do plano, o que constitui uma importante diretriz na interpretação das regras do Código. Esta valorização não é mais, afinal, do que um processo de compreensão – círculo hermenêutico[56] – do qual resulta que o significado das palavras só pode ser obtido a partir da conexão de sentido do texto. Promovendo o CIRE a recuperação da empresa e ficando o texto aquém deste objetivo compete ao intérprete, em caso de dúvida, retroceder ao significado pretendido pelo art. 1º CIRE. É precisamente isso que fazemos na presente investigação: a interpretação que sustentamos do sistema jurídico insolvencial português e do papel que nele desempenham os credores é – como se verá – condicionada por este objetivo central, assumido expressamente pelo legislador (ainda que imperfeitamente concretizado), de fomentar a perspetiva de sucesso da recuperação da empresa.

---

[56] Cf. KARL LARENZ, *Metodologia da ciência do direito*, 3.ª ed., Lisboa, 1997, pp. 287-293.

4. O papel da assembleia de credores na nomeação do administrador da insolvência

Aspeto essencial quanto ao papel a atribuir aos credores no processo de insolvência respeita à escolha do administrador da insolvência. Embora em ordens jurídicas distintas da nossa – mas com plena aplicabilidade entre nós –, tem-se destacado a correlação direta entre a perspetiva de sucesso de um plano de recuperação da empresa insolvente e a influência assumida pelos credores na escolha do administrador da insolvência[57].

No CIRE, são dados poderes aos credores para influenciar a escolha do administrador da insolvência, ainda que estes sejam mais limitados do que aqueles de que os mesmos atualmente gozam noutros ordenamentos jurídicos. Apesar de caber ao juiz a escolha do administrador, o art. 53º CIRE confere aos credores, como se sabe, a possibilidade de elegerem outra pessoa para o cargo[58] na primeira reunião realizada após a designação do administrador (art. 36º, n), e 156º CIRE), sem prejuízo do poder que o juiz ainda tem de recusar o nome apresentado em casos delimitados (art. 53º/3).

Os credores não têm, assim, uma competência *primária* para nomear o administrador, podendo apenas alterar uma decisão já tomada pelo juiz, solução que nos parece de racionalidade altamente questionável. Ou a opção legislativa era no sentido da absoluta estabilidade no exercício das funções e autonomia do administrador[59] e, aí, a solução mais adequada seria atribuir competência exclusiva ao juiz para nomear o administrador da insolvência, como acontecia na vigência do CPEREF, ou, se a lógica do CIRE é conferir aos credores algum

---

[57] É o caso, na Alemanha, de OBERMÜLLER "Das ESUG cit.. p. 1809.
[58] Pelo contrário, o art. 132º CPEREF atribuía ao juiz a competência para a escolha do liquidatário judicial, com base nos elementos recolhidos na fase preliminar do processo e nas indicações feitas pelos credores e pelo devedor.
[59] Esta é a lógica que CARVALHO FERNANDES/JOÃO LABAREDA, *Código da Insolvência e da Recuperação de Empresas anotado*, 2009 (reimpr.), Lisboa, 2009, p. 247 apontam como subjacente à limitação temporal do poder dos credores para alterar a nomeação do administrador da insolvência. De facto, depois da primeira reunião da assembleia de credores, o administrador só poderá ser substituído na decorrência de destituição, renúncia ou impedimento.

poder nesta decisão, por que motivo, então, conceder-lhes – perguntar-se-á – apenas uma faculdade de alterar uma decisão prévia sem que a possam tomar autonomamente? Por outro lado, a alteração do administrador da insolvência em momento posterior à elaboração do relatório (art. 155º) pode implicar custos no processo, não só económicos, mas também temporais. A ser modificado o nome escolhido pelo juiz, o novo administrador, nomeado pelos credores, basear-se-á no relatório elaborado pelo administrador anterior. Defender que o administrador da insolvência eleito na assembleia de credores teria de elaborar um novo relatório seria solução incomportável, por apenas resultar numa maior delonga do processo. Em contrapartida, o tribunal terá de trabalhar com um administrador da insolvência que não conhece, caso tenha sido escolhido um nome não constante da lista oficial de administradores[60], considerando o caráter reduzido dos motivos de recusa da pessoa eleita pela assembleia de credores[61].

Por seu lado, a deliberação desta assembleia também é, em larga medida, condicionada pela opção legislativa. Imagine-se que a assembleia vota, com as maiorias necessárias, um novo administrador da insolvência, ao mesmo tempo que lhe comete o encargo de elaborar um plano (art. 156º/3 CIRE). O juiz pode não aceitar a pessoa eleita quando se verifique alguma das circunstâncias referidas no art. 53º/3, CIRE. No entanto, não se refere o prazo que o juiz tem para decidir se aceita o novo nome eleito. Considerando que o plano deve ser apresentado no prazo máximo de 60 dias, sob pena de cessar a suspensão da liquidação e partilha da massa quando tenha sido votada pelos credores (art. 156º/4, *a*), CIRE), não se clarifica o modo de harmonização destas disposições. O poder conferido à assembleia de credores para alterar o nome do administrador da insolvência, ainda que possa parecer de aplaudir, numa perspetiva de autonomia dos

---

[60] Crítica semelhante é formulada na Alemanha por PAPE, "Gesetz cit., p. 1039, a propósito de uma decisão unânime da comissão preliminar de credores, que o juiz terá de aceitar, a não ser em situações excecionais.
[61] O papel, em geral, da assembleia de credores é desenvolvido por MARIA JOSÉ COSTEIRA, "Novo direito da insolvência", Themis, 2005, pp. 25- 42.

credores, não terá sido conseguido da melhor forma. Por motivos paralelos, perante disposição (então vigente) com o mesmo teor, na Alemanha (o § 57 *InsO*), JAFFÉ[62], *v.g.*, considerava que deveria ser concedida aos credores a possibilidade de se pronunciarem sobre a escolha do administrador da insolvência em momento anterior. A valia de semelhante solução não é, todavia, igualmente clara.

Em todo o caso, a ESUG veio, mais tarde, dar eco a esta crítica, introduzindo na *InsO* o § 56a, disposição em que é atribuída à "comissão preliminar de credores" o poder de sugerir ao tribunal o nome do administrador da insolvência[63]. O nº 2 determina, por seu lado, que o tribunal apenas pode desviar-se de uma sugestão unânime da comissão quando a pessoa nomeada não for idónea para o exercício da função, ou seja, somente em situações absolutamente excecionais. A ESUG elimina, ainda, algumas dúvidas que eram levantadas pela doutrina e refere, agora, expressamente, que a independência do administrador da insolvência não é posta em causa ainda que o seu nome tenha sido proposto pelo devedor ou por qualquer credor e mesmo que, antes da abertura do processo, o devedor tenha com a pessoa proposta discutido a sua situação (§ 56, (1), *InsO*).

Com os poderes conferidos a esta comissão os juízes perdem o poder, antes de exercício relativamente discricionário, de nomear o administrador da insolvência, tarefa que segundo declarações de um juiz da insolvência era aquela que lhe dava "verdadeiro prazer" (*"was ihm spass mach[t]e"*)[64]. Motivo por que se questiona – com razão – se tornar o juiz um órgão executor das decisões da comissão preliminar de credores nos processos economicamente mais relevantes será a melhor forma de promover a recuperação de empresas[65]. Por isso não

---

[62] "Restrukturierung cit., p. 262.

[63] STEINWACHS, "Die Wahl cit., p. 410, apesar de aplaudir a possibilidade legal de ser constituída uma comissão preliminar de credores, questiona se, tendo em conta o tempo despendido com o processo, deverá ser concedido à comissão o poder de nomear o administrador. Até à entrada em vigor da *InsO-E* o que muitos juízes faziam era nomear um credor que os aconselhasse (*"Gläubigerbeirats"*).

[64] OBERMÜLLER, "Das ESUG cit., p. 1809, em citação da declaração de um juiz em entrevista à agência noticiosa *Reuters*.

[65] Cf. PAPE, "Gesetz cit., p. 1034.

julgamos que deva alinhar-se com aqueles que sem reservas aplaudem a opção da ESUG de introduzir o § 21, (2), 1a[66] e o § 22[67]. Estas normas obrigam o juiz a nomear uma comissão preliminar quando o devedor, no ano fiscal precedente, tiver preenchido dois de três requisitos: (i) balanço – no sentido do § 268, (3), *Handelsgesetzbuchs* – de, pelo menos, €4.840.000; (ii) volume mínimo de negócios de €9.680.000 nos 12 meses anteriores; (iii) média anual mínima de 50 trabalhadores empregados. Para as empresas mais pequenas que não preencham os requisitos referidos, o tribunal terá a faculdade (e já não a obrigação) de nomear uma comissão preliminar, quando tal seja pedido pelo devedor, pelo administrador da insolvência provisório ou por qualquer credor, desde que o pedido seja acompanhado pela nomeação e consentimento dos potenciais membros da comissão (§22a, (2), *InsO*)[68].

O tribunal, preenchidos os pressupostos do § 22a, (1), *InsO*, só poderá liberar-se da obrigação de nomear a comissão preliminar se a atividade da empresa já tiver sido descontinuada, se a massa insolvente for expectavelmente insuficiente para cobrir os custos da comissão ou se o atraso no processo resultante da constituição da comissão prejudicar a massa insolvente (§ 22a, (3), *InsO*). O legislador alemão foi exigente neste ponto: não basta um perigo abstrato de diminuição da massa. A intenção legislativa de conferir a máxima autonomia aos credores tem como consequência que a constituição da comissão só

---

[66] PAPE, "Gesetz cit., p. 1036 e STEINWACHS, "Die Wahl cit., p. 410, criticam a inserção sistemática do preceito, porque, na realidade, não se trata de medidas de preservação da massa, mas, sim, de conferir um maior grau de autonomia aos credores e, nessa perspetiva, o preceito deveria estar inserido na sequência do § 67 *InsO*. Porém, PAPE reconhece que a inserção sistemática, apesar de imprópria, não apresenta consequências.

[67] Cf., *v.g.*, OBERMÜLLER, "Das ESUG cit., 1809.

[68] O § 22a, (4), *InsO* determina que, a convite do tribunal, o devedor ou o administrador da insolvência provisório deverá nomear as pessoas interessadas em participar na comissão preliminar de credores. Regra geral, os interessados serão aquelas entidades habituadas a participar em processos de insolvência, como a administração tributária, a segurança social ou instituições bancárias. Estas entidades, muitas vezes, poderão tentar acelerar o processo demonstrando a sua predisposição para fazer parte da comissão preliminar de credores.

possa ser negada quando haja, comprovadamente, um perigo de diminuição da massa[69].

A solução legal não é isenta de críticas. A proibição de nomear uma comissão quando a massa insolvente não for suficiente para cobrir os custos da duração da comissão implica uma avaliação dos bens que compõem a massa. Ora, a informação necessária só poderá ser fornecida pelo devedor, uma vez que, nesta fase do processo, ainda não houve oportunidade de nomear um administrador da insolvência provisório para quem pudesse ser transferida essa tarefa. É certo que o próprio tribunal tem poderes para investigar a situação patrimonial da empresa insolvente. Para o efeito, porém, apenas poderá contar com a ajuda de testemunhas e de peritos e não das instituições bancárias, vinculadas pelo sigilo bancário[70]. Tal como na Alemanha, também em Portugal as regras sobre o sigilo proibiriam as instituições bancárias de fornecer essa informação, uma vez que a cooperação em processo de insolvência não constitui exceção ao dever geral de segredo (arts. 78º e 79º RGICSF)[71].

Independentemente desta questão, face ao direito vigente, seguramente que, como mínimo, sempre se haveria de dizer que os credores devem exercer a faculdade de alterar o nome do administrador com parcimónia[72] e com motivos estritamente objetivos. Sem

---

[69] É ÖBERMULLER, "Das ESUG cit., p. 1810 quem estabelece a relação entre a valorização da autonomia dos credores e a exigência de verificação de um perigo concreto.

[70] Cf. ÖBERMULLER, "Das ESUG cit., p. 1810. O que em texto é dito apenas não será aplicável quando tenha sido o devedor a apresentar-se à insolvência, situação em que este, com elevada probabilidade, autorizará o tribunal a aceder às suas contas bancárias. Também PAPE, "Gesetz cit., p. 1037 aponta estes requisitos como exigindo do tribunal um "juízo de prognose impossível".

[71] Defendendo, porém, que a era do sigilo bancário terminou cf. MADALENA PERESTRELO DE OLIVEIRA, "As alterações ao regime geral das instituições de crédito: o fim da era do sigilo bancário", *Concorrência & Regulação*, ano II, 7/8, julho-dezembro 2011, pp. 427-451.

[72] Já MENEZES LEITÃO, *Direito da Insolvência*, 4.ª ed., Coimbra, 2012, p. 114, nota 138, acentua que não é admissível que os credores simplesmente manifestem a sua desconfiança em relação ao primitivo administrador, tendo de eleger outro em sua substituição. O que defendemos vai mais longe: os credores só deverão exercer este direito em casos limite.

prejuízo da importância e do papel que se atribua à autonomia dos credores no processo de insolvência, esta não poderá seguramente ser valorizada em detrimento do objetivo último do processo. Este é, sempre, a satisfação dos credores, o qual deve ser prosseguido da forma que melhor se compatibilize com a recuperação da empresa insolvente.

A alteração do nome do administrador escolhido pelo juiz implica, desde logo, uma demora no processo dificilmente compaginável com a lógica de recuperação da empresa e de celeridade do processo[73-74]. Julgamos que o princípio base na nomeação é – e deve permanecer – o estabelecido no art. 52º: o administrador é escolhido pelo juiz de entre os administradores inscritos na lista oficial, devendo essa escolha basear-se no regime informático aleatório instituído pela Lei nº 32/2004, de 22 de julho (estatuto do administrador da insolvência).

Uma solução como a alemã não seria, sob este ponto de vista, satisfatória. Em vez de, no início do processo, o juiz garantir que são tomadas medidas de proteção da massa[75], passar-se-iam semanas em que teria de nomear uma comissão preliminar de credores, decidir quem nela deve participar e conseguir o seu assentimento (§ 21, (2), 1a, InsO). O tempo perdido torna-se evidente se a comissão não votar unanimemente o nome do administrador da insolvência, uma vez que, nesse caso, poderá o juiz afastar-se da proposta formulada[76]. Por outro lado, mesmo depois de constituída a comissão, fica por apurar com base em que informação devem os credores nomear o adminis-

---

[73] PAPE, "Gesetz cit., pp. 1038 e 1039, formula uma crítica similar a propósito da obrigação de nomear uma comissão de credores. Nas palavras do autor, foi substituído, na Alemanha, um regime bastante razoável, para se implementar outro que não tem em consideração a relação tempo/dinheiro no processo, em prol de uma participação dos credores, que se afigura "duvidosa".

[74] Cf., sobre a preocupação de celeridade, PEDRO DE ALBUQUERQUE, "Declaração da situação de insolvência", O Direito, ano 137, III, 2005, pp. 507-525 (510).

[75] Tal como proibir atos do devedor que importem a transferência de propriedade ou interceptar a correspondência do devedor nos casos em que tal seja admitido (§ 21 InsO).

[76] Esta crítica é apontada por PAPE, "Gesetz cit., p. 1037.

trador da insolvência. Ou a comissão é apenas composta por credores experientes e habituados a participar em processos deste tipo, e, nesse caso, estar-se-ia a exigir ao tribunal que manipulasse a constituição da comissão, e, com elevada probabilidade, o administrador que resultasse da decisão desses credores não estaria devidamente alertado para os interesses dos restantes credores, ou, então, os credores que compõem a comissão são credores sem qualquer conhecimento empresarial e sem dados para decidir quem deverá ser o administrador da insolvência[77].

Acresce que uma via análoga à alemã também não seria a ideal por criar nos administradores da insolvência um potencial condicionante do bom exercício das suas funções: se estes são nomeados pela comissão preliminar de credores, considerando que naturalmente quererão ser reeleitos noutros processos, haverá o risco agravado da sua instrumentalização; os administradores da insolvência tenderão a sentir receio de colocar em causa as garantias dos credores quando estiverem a elaborar uma proposta de plano de insolvência que deva ser por eles votada[78]-[79].

Todas estas são, pois, razões suficientes para se defender a concentração do poder de nomeação do administrador nas mãos do tribunal, com a limitação da intervenção dos credores aos casos em que a mesma seja necessária para salvaguardar o fim do processo. A conclusão não prejudica nem é prejudicada pela posição de fundo que se assuma quanto ao grau de autonomia a conferir aos credores.

---

[77] Cf. PAPE, "Gesetz cit., pp. 1037 e 1038.
[78] Mesmo JAFFÉ, "Restrukturierung cit., pp. 262 e 263, que advoga uma participação dos credores na escolha do administrador da insolvência que seja prévia à prevista no § 57 *InsO* (com a mesma redação do art. 56º CIRE), admite que este será um risco inevitável da concessão de tal tipo de poderes aos credores. Acaba, portanto, por concluir que o juiz deveria ser o centro gravitacional do processo, mais à semelhança daquilo que se verifica nos EUA.
[79] ÖBERMULLER, "Der Gläubigerausschuss nach dem ESUG", *ZInsO*, 1/2/2012, pp. 18-25 (25), recuando em alguns pontos em relação ao que tinha escrito em 2011 (como referido *supra*), acaba por dizer, referindo-se à comissão de credores, que a "montanha pariu um rato".

5. A administração pelo devedor e a eventual interferência dos credores

Nos termos do art. 223º CIRE[80], a administração pelo devedor é limitada aos casos em que na massa insolvente esteja compreendida uma empresa[81]. Uma das metas legislativas das alterações por último introduzidas no Código foi fomentar a apresentação pelo devedor à insolvência, *ratio* que subjaz à redução para metade do prazo para a mesma: o art. 18º/1, CIRE concede ao devedor 30 dias após o conhecimento da situação de insolvência para requerer a respetiva declaração[82]. Todavia, a redução dos prazos, embora possa parecer um caminho para conseguir uma maior taxa de apresentação à insolvência, não é a via mais adequada para prosseguir este objetivo. De tal forma assim é que, noutros ordenamentos jurídicos, os prazos para a apresentação à insolvência são mais alargados ou não existem sequer, sem que isso implique consequências desvantajosas para a possibilidade de recuperação da empresa – bem pelo contrário. Tome-se o exemplo da lei norte-americana que, precisamente, omite qualquer prazo, por considerar que essa imposição resultaria num *risk-chilling effect*: os administradores da empresa devedora, perante um prazo muito estreito e a ameaça de sanções mais graves (*v.g.* resolução em benefício da massa), receariam continuar em funções e transfeririam, o mais rapidamente possível, a responsabilidade da empresa para terceiros[83]. Assim, não está previsto um dever de apresentação à insol-

---

[80] Equivalente aos §§ 270 ss. e 284 InsO.

[81] Cf., sobre o tema, CARVALHO FERNANDES, "A qualificação da insolvência e a administração da massa insolvente pelo devedor", Themis, 2005, pp. 81-104.

[82] Como, em tom crítico, nota CATARINA SERRA, "Emendas cit., p. 107 "quando se quer aumentar a eficácia na aplicação da lei e a celeridade dos processos – e ostentar essa intenção – é habitual uma redução generalizada dos prazos".

[83] Mesmo na Alemanha, apesar de o § 15a, (1), *InsO* fixar um prazo ainda mais curto do que o da lei portuguesa (3 semanas após o conhecimento da situação), a *FMStG*, de outubro de 2008, alterou o § 19, (2), *InsO*, dispensando algumas empresas do dever de apresentação à insolvência quando o seu ativo não for suficiente para fazer face ao seu passivo, a não ser que a continuação da empresa seja a hipótese mais provável. Esta redação do § 19, (2), *InsO* estará em vigor apenas até 1 de janeiro de 2014. Contra a existência de *risk-chilling effect* na Alemanha, cf. TOM BRAEGELMANN, ""Chilling effect?" – Gefährdet die Rechtsprechung zur Insolvenzfestigkeit von Lizenzvertägen den

vência análogo ao continental, ainda que haja quem o funde num dever de lealdade do devedor perante os sócios e credores[84]. Apesar de não vigorar esse dever, o direito norte-americano é, consabidamente, aquele em que a recuperação da empresa maiores possibilidades conhece.

A redução dos prazos só terá, no fundo, verdadeiro sucesso quando acompanhada de medidas que constituam suficiente incentivo para a apresentação do devedor à insolvência. Uma empresa insolvente ou em situação equiparada não terá estímulo para tal logo que tenha conhecimento da sua situação, sobretudo considerando que a declaração de insolvência priva imediatamente o insolvente, por si ou pelos seus administradores, dos poderes de administração e disposição dos bens integrantes da massa insolvente, os quais passam a competir ao administrador da insolvência (art. 81º/1 CIRE, com as consequências previstas nos números seguintes para o caso de violação da proibição).

Perante a evidência, não podemos deixar de apontar a nossa crítica a uma alteração legislativa que considera suficiente para promover a apresentação à insolvência o encurtamento dos prazos. Esta crítica é especialmente grave lembrando as alterações legislativas paralelamente ocorridas noutros ordenamentos jurídicos, com o concomitante aprofundamento do estudo da matéria, que poderia ter servido de guia e fonte de inspiração para o legislador português.

Em particular, deve ser ponderado como incentivo possível para essa apresentação pelo devedor o alargamento dos poderes de administração pelo próprio. A solução não é desconhecida noutros ordenamentos europeus. A *LC* espanhola, por exemplo, prevê que, sendo o "concurso" voluntário, *i.e.*, quando tenha sido o devedor a

---

Wirtschafts- und Forschungsstandort", *ZInsO*, 14/15/2012, pp. 629-637. Na *Ley Concursal* espanhola, mesmo depois da reforma operada pela *Ley 38/2011, de 10 de octubre*, o prazo para a apresentação à insolvência manteve-se em 2 meses, com a particularidade de poder ser alargado se o devedor insolvente tiver iniciado negociações para celebrar um acordo de refinanciamento ou para conseguir o acordo dos credores relativamente a um plano de insolvência. Para uma explicação do regime nos vários ordenamentos jurídicos, cf. CATARINA SERRA, "Emendas cit., pp. 107 ss.
[84] Cf. JAFFÉ, "Restrukturierung cit., p. 265.

apresentar-se à insolvência (art. 22º LC), os poderes de administração e disposição dos bens se mantenham no devedor, estando apenas dependente da autorização do administrador da insolvência (art. 40º/1 LC). Tendo sido o próprio devedor a apresentar-se à insolvência, não haverá, sob esta perspetiva, risco em mantê-lo na administração pois não terá, então, interesse em praticar atos que diminuam ou onerem a massa: se uma tal conduta fosse por ele visada, com toda a probabilidade não se teria apresentado à insolvência. Não obstante o seu caráter limitativo, este regime continua a ser bem mais flexível do que o português.

Assim, também entre nós, não pode ser evitada a questão base de saber se constitui solução possível e desejável o reforço da administração pelo devedor, particularmente num momento em que as soluções dos ordenamentos estrangeiros se orientam, como dito, neste sentido da manutenção do *"debtor in possession"*. Para além do caso espanhol, também na Alemanha, a ESUG alarga sensivelmente o instituto da *"Eigenverwaltung"* [85], na sequência de se ter verificado que menos de 1% dos processos de insolvência abertos contaram com a concessão ao devedor desta prorrogativa, o que resultava, essencialmente, de uma desconfiança por parte dos credores e do próprio tribunal[86]. A nova lei germânica veio, assim, criar mecanismos facilitadores da manutenção da administração do devedor, cuja bondade merece, como dissemos, ser ponderada à luz do direito português da insolvência, tendo em conta o caráter limitado da solução de redução dos prazos de apresentação à insolvência. Repare-se que a *InsO-E* vai tão longe que, no § 270a, (2), estabelece que o devedor que se apresente à insolvência e requeira continuar com a administração da empresa, quando esta não lhe seja concedida, poderá retirar o pedido

---

[85] A necessidade de eliminar as situações em que a administração pelo devedor era recusada pelo tribunal era já assinalada por FLORIAN STAPPER, "Dia Praxis der Arbeit mit Insolvenzplänen oder die Insuffizienz des insolvenzlans: Diagnose und Therapie", *ZInsO*, 28, 2009, pp. 2361-2367 (2363 ss.).

[86] Cf. OBERMÜLLER, "Das ESUG cit., p. 1813. Em 2003, na Alemanha, apenas 0,3% dos processos de insolvência terminaram com a aprovação de um plano. Cf. JAFFÉ, "Restrukturierung cit., p. 252.

de abertura do processo[87]. Esta é indubitavelmente uma solução com mais repercussões práticas do que uma mera redução do prazo para a apresentação à insolvência.

A solução alemã passa, em concreto, por atribuir a uma comissão preliminar de credores a faculdade de apoiar o pedido para o devedor se manter administrador da empresa insolvente. Nesse caso, o tribunal fica impedido de recusar a decisão com o argumento de que a administração pelo devedor seria desvantajosa para os credores (§ 270, (3), *InsO-E*). Se for previsível que o devedor continue a administrar a empresa insolvente, o tribunal não deverá nomear um administrador provisório (*"vorläufiger Sachwalter"*: § 270a, (1), InsO-E[88]), mas sim um fiduciário. Por outro lado, teve-se em consideração o motivo pelo qual tanto os credores como o tribunal temiam a manutenção da administração: o risco de que esta volte a cometer os mesmos erros que levaram a empresa à situação de insolvência[89]. Porém, esse receio será injustificado quando, antes da apresentação à insolvência, tenha havido uma mudança da administração[90]. Sempre permanecia, contudo, o problema caso a administração não tivesse sido alterada antes do início do processo. A questão não escapou na alteração

---

[87] Apenas se exige que o tribunal nomeie um fiduciário: § 270b, (2), *InsO-E*. O *Schutzschirmverfahren* só poderá ser revogado caso seja evidente que a recuperação da empresa não é exequível, se a comissão preliminar de credores solicitar a anulação ou, não havendo comissão preliminar, se um credor requerer a revogação deste regime e for expectável que deste procedimento resultem prejuízos para os credores (§ 270b, (4), *InsO-E*).

[88] A comissão preliminar de credores terá uma palavra a dizer na escolha do *trustee*: § 270a *InsO-E*.

[89] Em Itália, cf. ALESSANDRO DANOVI/CRISTINA MONTANARO, "L'amministrazione straordinaria dele grandi imprese in stato di insolvenza; primi spunti di verifica empírica", *Giurisprudenza Commerciale*, 37.2, Marzo-Aprile 2010, pp. 245-281/I (257-258), sobre os principais motivos que levam uma empresa a entrar em crise. Entre eles, contam-se 27% de casos de erros estratégicos, ligados a operações de aquisição ou de investimento não acompanhadas de uma planificação financeira; rigidez na estrutura produtiva (23% das situações), que levam a uma excessiva capacidade produtiva, que não é adaptada ao mercado e outros erros da administração. Perante estes dados empíricos, a desconfiança sentida pelos credores face à administração parece justificar-se.

[90] Cf. OBERMÜLLER, "Das ESUG cit., p. 1314.

legislativa: o § 276a InsO-E admite, mediante consentimento do *fiduciário*[91], a destituição e substituição da administração da empresa. Os novos administradores têm a vantagem, face a um administrador da insolvência estranho à sociedade, de não precisarem de um período de familiarização com a situação empresarial: estando diretamente envolvidos, conhecem melhor a situação patrimonial e poderão, ainda, beneficiar da circunstância de terem acompanhado de perto os erros da administração anterior e assim evitar a sua repetição.

No direito português, os mesmos argumentos quanto ao alargamento da administração pelo devedor serão procedentes: somos, pois, favoráveis a semelhante expansão da administração pelo próprio devedor, bem como à forma de concretização deste intento através da previsão de uma comissão preliminar de credores, ainda que seja inevitável reconhecer razão àqueles que têm criticado a forma como os seus elementos são designados no direito alemão e, em especial, ao potencial de influência do devedor no processo[92], a ponto

---

[91] Este consentimento terá, apenas, de passar pelo crivo de a substituição da administração não causar danos aos credores: § 276a, *in fine*, InsO-E.

[92] Se, no caso concreto, tiver sido o devedor a apresentar-se à insolvência, a nova *InsO* impõe-lhe o dever de apresentar uma tabela em que deverá enumerar, nos termos do § 13, (1) os créditos: 1. mais elevados; 2. que beneficiem de mais garantias; 3. da administração tributária; 4. da segurança social, 5. que resultem da obrigação de pagamento de reformas. Acresce que este § impõe ainda que o devedor forneça a informação sobre os requisitos do § 22a *InsO-E*. Assim se desonera o tribunal de averiguar a situação do devedor quando seja este a apresentar-se à insolvência, tornando mais simples a decisão sobre a constituição da comissão preliminar de credores. Esta novidade não é, porém, isenta de críticas. PAPE, "Gesetz cit., p. 1036 faz notar que o objetivo da apresentação da tabela prevista no § 13 é identificar os credores para saber se deverá ser constituída uma comissão preliminar de credores. Ora, considerando que é esta comissão que nomeia o administrador da insolvência, caso o devedor manipule a lista de credores poderá controlar o processo desde o início. Um devedor habilidoso conseguirá filtrar os credores que votarão favoravelmente ao administrador pretendido. O autor aponta que seria mais razoável que o tribunal desse aos credores a possibilidade de reclamarem os seus créditos e, a partir daí, poderia decidir quem são os credores com maior relevância e assim constituir a comissão. Pelo contrário, FLORIAN STAPPER/CHRISTOPH ALEXANDER, JACOBI, "Der Eigenantrag (§ 13 InsO) nach neuem Recht", *ZInsO*, 14/15/2012, pp. 628-629 avaliam positivamente a introdução do § 13. Compreendemos a crítica de PAPE, mas temos de reconhecer que a reclamação de créditos será, necessariamente,

de se falar na "maquilhagem" aplicada pelo devedor[93]. Assim, deve assumir-se a excessiva rigidez dos requisitos legais que continuam a ser exigidos na nossa ordem jurídica, num contexto, para mais, em que, contraditoriamente, se visa fomentar essa espontânea apresentação à insolvência.

6. O Processo Especial de Revitalização (PER) e os *"escudos protetores"* do devedor perante os credores

Da perspetiva em que nos colocamos, é inequivocamente de aplaudir a introdução, nos arts. 17º-A a 17º-I, do Processo Especial de Revitalização (PER), anterior e autónomo face ao processo de insolvência[94]. É frequente a empresa prolongar, para lá do razoável, a situação de dificuldade económica. Somente após o decurso de trinta dias sobre a impossibilidade de cumprir as suas obrigações vencidas (arts. 18º/1, 3 e 3º/1) fica esta obrigada a apresentar-se à insolvência. Este lapso temporal poderá implicar, para a empresa, uma perda significativa, ou mesmo total, das garantias patrimoniais, para além de poder importar a sua entrada numa situação de insolvência irreversível, retirando-lhe a característica da recuperabilidade[95]. O PER pretende obviar a esta situação, através da criação de um processo especial para os devedores que se encontrem em *situação económica difícil* –

---

mais morosa do que a simples apresentação de uma tabela de credores por parte do devedor. Por este motivo, parece-nos que se trata de estabelecer um equilíbrio de interesses entre o risco de manipulação da lista apresentada pelo devedor e o tempo que se perderia com a formação de uma lista diferente. Sendo o próprio devedor a apresentar-se à insolvência, é certo que existe, ainda, risco de manipulação dos credores, mas este será menor.

[93] Assim, PAPE, "Gesetz cit., p. 1036.

[94] Importância essencial para promover a visibilidade do plano de insolvência e para que o devedor tenha acesso a um meio mais forte e eficiente de recuperação da empresa. A propósito de regime similar na Alemanha, diz-se que é essencial para criar uma "Insolvenzkultur" e promover a apresentação à insolvência. Cf. ROBERT BUCHALIK, "Das Schutzschirmverfahren nach § 270b *InsO* (incl. Musteranträge). Ein überzeugender Schritt des Gesetzgebers, der Sanierung durch Insolvenz nachhaltig zum Durchbruch zu verhelfen", *ZInsO*, 9/2012, pp. 339-357 (349, 356).

[95] Neste sentido, cf. PEDRO PIDWELL, *O processo de insolvência e a recuperação da sociedade comercial de responsabilidade limitada*, Coimbra, 2011, p. 22.

dificuldade séria para cumprir pontualmente as suas obrigações, *v.g.*, por falta de liquidez ou não obtenção de crédito (art. 17º-B) – ou de *insolvência meramente iminente*. Nestes casos, sendo ainda possível a recuperação, poderá o devedor estabelecer negociações com os credores de modo a concluir um acordo conducente à revitalização (art. 17º-A/1). Note-se que no PER se introduz o requisito da viabilidade económica, esquecido na regulamentação do plano de insolvência, mesmo aquando da revisão do CIRE[96].

Um regime deste tipo, aparentemente inovador, encontra a sua base noutros ordenamentos jurídicos, como o espanhol e o alemão. A grande especificidade – mas não única – do regime português é a inserção sistemática e cronológica deste mecanismo: em Portugal, o PER é prévio ao processo de insolvência e autónomo face aos tradicionais instrumentos de recuperação, ao contrário do que acontece em Espanha e na Alemanha, onde existem regimes similares, mas integrados no próprio processo[97]. No fundo, o sistema espanhol e o alemão partem do princípio de que a declaração de insolvência terá lugar, enquanto o sistema português a visa evitar, sempre que possível. Em Espanha, desde a Ley 38/2011, de 10 de octubre, que refor-

---

[96] O PER inicia-se pela manifestação de vontade do devedor e de, pelo menos, um dos seus credores (art. 17º-C/1), mas também pode iniciar-se pela apresentação, pelo devedor, de acordo extrajudicial de recuperação (art. 17º-I/1). Este processo baseia-se em publicações no portal *Citius*, *v.g.*, da lista provisória de créditos (art. 17º-D/3) e do acordo prévio respeitante ao plano de revitalização (art. 17º-D/5). Em Espanha, o objetivo da publicidade por via electrónica deverá ser o acesso unificado a toda a informação relevante e foi conseguido pelo *Real Decreto 685/2005*, que cria vários portais na Internet. Um deles foi anulado por uma sentença do *Tribunal Supremo de 28 de marzo de 2007*. O panorama informático foi completado em Espanha pelo *Real Decreto-lei 3/2009*, que cria um *Registro Público Concursal*. Sobre este regime cf. MARÍA DEL PILAR GALEOTE, "El régimen de publicidade de las resoluciones concursales", *Working paper IE Law School*, WPLS09-06, 2009, pp. 1-10, disponível em http://ssrn.com.

[97] Aliás, apesar de se ter pronunciado ainda antes da apresentação da *ESUG*, JAFFÉ, "Restrukturierung cit., p. 263, conclusão 7, já defendia que não era necessário introduzir no regime insolvencial alemão um processo exterior e autónomo ao processo de insolvência. A lógica defendida pelo autor foi seguida: o "escudo protetor" criado em 2012 foi integrado no próprio processo.

mou a *Ley Concursal 22/2003*[98], que o art. 5 *bis* prevê a possibilidade de o devedor dar a conhecer ao juiz, antes da declaração de insolvência, que estão em curso negociações com os credores com o objetivo de aprovarem (i) um acordo de refinanciamento ou (ii) um plano de insolvência. Passados três meses sobre a comunicação ao juiz, tenha sido ou não aprovado um acordo de refinanciamento ou um plano de insolvência, o devedor deverá apresentar-se à insolvência no mês seguinte, a não ser que ainda não se encontre nessa situação. O objetivo de política legislativa seria, por um lado, incrementar a flexibilidade deste mecanismo que pode evitar a insolvência efetiva de muitas empresas, mas, também, impedir excessos e abusos que resultem num prejuízo para os credores[99]. Em Espanha, esta *institucione preconcursal* é vista com bons olhos[100], por representar uma alternativa ao processo (*"concurso"*) naqueles casos em que a situação de insolvência esteja próxima.

Para além do regime concursal espanhol, o PER parece, ainda, encontrar parte da sua inspiração nos §§ 270a, (2), e 270b *InsO-E*. Vejamos: o devedor em insolvência iminente pode apresentar-se ao tribunal e obter um período de 3 meses de "escudo protetor" (*"Schutzschirm"*) para apresentar um plano de insolvência. Para que este período lhe seja concedido tem de apresentar um relatório de um especialista em fiscal, em contabilidade, de um advogado ou de alguém com competências comparáveis, no qual se explique que a empresa ainda não está insolvente, mas apenas em insolvência imi-

---

[98] A *LC* é o resultado de uma reforma de caráter global que se verificou, em Espanha, em 2003. Neste ano, o legislador agrupou todo o regime insolvencial, até à data disperso por diversos diplomas de índole substantiva e processual: Código Civil, Código Comercial, *Ley de Enjuiciamiento Civil* e *Ley de Suspensión de Pagos*, de 26 de julho de 1922.

[99] Cf. FÉLIX J. MONTERO/LAURA RUIZ MONGE, "La adaptación de la Ley Concursal a los nuevos tiempos: la propuesta de anteproyecto de ley de reforma de la Ley Concursal", *working paper IE Law School*, AJ8-173, 2010, disponível em http://ssrn.com.

[100] Cf. JAVIER ARIAS VARONA, "Instituciones preconcursales. Responsabilidad de administradores sociales y concurso. ¿Dónde está y hacia donde se dirige el derecho español?", Rev. e-mercatoria, vol. 10, nº 2, julio-diciembre 2011, pp. 203-235 (208), disponível em http://ssrn.com.

nente e que é possível a sua recuperação. Obriga-se, no fundo, o devedor a juntar um parecer de viabilidade económica. Em Portugal também se exige que a empresa seja economicamente viável para que possa ser candidata ao PER. Porém, o requisito da viabilidade é aferido por meio de declaração escrita e assinada pelo próprio devedor, em que este ateste que reúne as condições necessárias para a sua recuperação (art. 17º-A/2). Assim se preenche o requisito exigido pelo art. 17º-A/1 de que o devedor "comprovadamente" se encontre em situação económica difícil ou em insolvência iminente. Esta solução poderá afigurar-se, de alguma forma, precipitada: a lógica de promover a elaboração de planos de revitalização não poderá nunca abstrair da efetiva viabilidade económica da empresa. Ora, embora seja certo que o PER – ao contrário do regime regulador do plano de insolvência – exige que a empresa seja economicamente viável, é, segundo parece, menos rigoroso no que toca à forma de aferir esse requisito. É bastante, de acordo com a lei, que o próprio devedor ateste que reúne as condições para a sua recuperação.

Porém, se é verdade que podemos perguntar se não seria preferível uma solução similar à do regime alemão, em que é uma entidade diferente do devedor a atestar a recuperabilidade da empresa, o que se verifica é que, na prática, não parece que a solução alemã traga benefícios consideráveis, não obstante a aparente fragilidade acrescida do regime do PER. Dir-se-ia, efetivamente, que um relatório elaborado por pessoas especialmente qualificadas para avaliar a situação da empresa oferece maior imparcialidade e que, por isso, seria criticável o abandono da solução do Anteprojeto, que exigia uma declaração certificada por técnico oficial de contas ou, sempre que fosse obrigatório, por revisor oficial de contas, ambos independentes, atestando que o devedor reunia as condições necessárias para a recuperação. Visou-se, porém, facilitar o recurso a este processo, o que nem sequer representa, segundo parece, sacrifício excessivo dos valores contrários em jogo (garantia de correção e imparcialidade), quando são conhecidos os casos de influência sobre os "fiscalizadores" e o papel que tiveram em escândalos corporativos como os da Enron, Worldcom, Parmalat, entre tantos outros. Não

julgamos, pois, merecedora de censura a opção nacional, por confronto com a alemã[101].

Isto não significa que a nova regulação não seja passível de críticas, a começar pela do art. 17º-C/3, *a*), que determina que o juiz que declare a insolvência deve, de imediato, nomear um administrador judicial provisório. Não se esclarece, porém, por que fica vedada a possibilidade de administração pelo devedor (arts. 223º e ss.), ainda que preenchidos os requisitos do art. 224º, solução com que não podemos concordar, pelas razões que, aqui chegados, julgamos serem claras.

As falhas do regime legal são, contudo, de caráter menor, quando confrontadas com as respetivas vantagens, designadamente o "escudo protetor" que confere ao devedor, ao suspender todos os processos executivos (portanto, independentemente da declaração de insolvência), facultando-lhe o espaço necessário para levar a cabo a recuperação (*"call the dogs off"*[102]). A lógica do art. 17º-E/1, CIRE não é original: o § 270b, (2), InsO-E, *v.g.*, admite que, sob proposta do devedor, o tribunal proíba a instauração e prosseguimento de ações executivas e, acima de tudo, a mesma ideia está subjacente ao instituto da *"automatic stay"*, previsto nos Estados Unidos, no § 362 BC, enquanto forma de proteção do devedor, que fica com a faculdade de tentar a recuperação da empresa, liberto de todas as tentativas de os credores se fazerem pagar e da pressão do mercado que o levou à insolvência[103]. Ao mesmo tempo salvaguarda a posição dos credores, na medida em que evita que credores individuais utilizem a massa insolvente para a sua própria satisfação[104].

---

[101] Os dois regimes coincidem no prazo de três meses concedido ao devedor em situação económica difícil para elaborar um plano de recuperação. Na *InsO-E* o prazo de 3 meses resulta diretamente do § 270b, (1), enquanto no CIRE o art. 17º-D/3 atribui ao devedor o prazo de dois meses para concluir as negociações encetadas, sendo que este pode ser prorrogado, por uma só vez, por um mês, o que, na prática, resulta num prazo também de três meses para elaborar o plano. Como se vê, a influência alemã não se perdeu em muitos aspetos, como logo de início anunciámos.

[102] Cf. VANESSA FINCH, *Corporate insolvency law. Perspectives and principles*, 2.ª ed., Cambridge, 2009, p. 365.

[103] Cf. Notes of Committee on the Judiciary, Senate Report No. 95-989.

[104] Este era um princípio que já resultava do § 89 *InsO*. Também em Itália o art. 182-bis *Legge Fallimentare* impõe a suspensão das ações executivas durante 60 dias. GIUSEPPE

Julgamos que, de uma perspetiva económica, é possível aplicar a este caso a teoria dos jogos. Na verdade, a *"automatic stay"* é – segundo cremos – especialmente importante quando se trata de evitar o conhecido "dilema do prisioneiro". Lembre-se, nos seus contornos essenciais, este dilema: cada agente, de modo independente, quer aumentar ao máximo a sua própria vantagem, sem que se importe com o impacto da sua decisão no outro agente; aplicado ao caso que estudamos, o dilema resulta de cada credor não confiar que os outros não intentem individualmente uma ação executiva. Daí o extremo relevo que assume uma regra deste tipo, segundo a qual as ações executivas já existentes se suspendem e ficam vedadas novas ações, à semelhança do que sucede quando existe sentença de declaração da insolvência[105].

O PER, se protege a empresa da pressão de credores individuais, não consegue protegê-la de eventuais casos de concorrência desleal. Na realidade, a empresa continua em funcionamento, estando em processo a aprovação de um plano de revitalização. Com relativa facilidade as empresas concorrentes podem aproveitar-se desta situação económica. O problema surge agora com mais premência, uma vez que este processo especial implica uma maior publicidade da situação económica difícil. Estas questões permanecem por resolver[106].

LOMBARDI /PIERDANILO BELTRAMI, "I criteri di selezione della procedura più adatta al risanamento di un'impresa in crisi", *Giur. Comm.*, 38.5, settembre-ottobre 2011, pp. 713-740 (734 ss.) denomina este período como "stop the bleedings" ou "bloccare imediatamente le emorragie".

[105] Sobre o dilema do prisioneiro, cf., por todos, FERNANDO ARAÚJO, *Introdução à economia*, 3.ª ed., 2.ª reimpr., Coimbra, 2005; *Teoria económica do contrato*, Coimbra, 2007, pp. 47-51. O autor conclui que, estrategicamente, domina o "não-contrato"; as partes em qualquer acordo assumem uma margem de risco quando decidem contratar. O contrato não seria, por isso, uma via de sair do estado hobbesiano de desconfiança generalizada. Adaptando ao campo em que nos situamos, a "captura" de bem estar conseguida por cada credor por intentar uma ação executiva será sempre mais segura do que confiar que a outra parte não fará o mesmo. Daí a importância fulcral da *automatic stay*.

[106] Esta questão é levantada por STEFANO AMBROSINI, "Marchi e falimento", *Giur. Comm.*, 36.6., novembre-dicembre 2009, pp. 1087-1097 (1088-1091), a propósito da tutela da marca no processo de insolvência. Defende o autor que a marca da empresa insolvente deve ser considerada parte do seu ativo. Porém, se esta for alienada pelo

Apesar das falhas de regime, o PER concretiza, assim, o entendimento dominante, especialmente desenvolvido nos Estados Unidos, quanto ao processo de insolvência: (i) as diligências de salvamento de uma empresa devem ser tomadas suficientemente cedo para que ainda haja possibilidade de sucesso; (ii) deve ser concedido à empresa um *"breathing space"*, ou seja, um período durante o qual os credores não possam reclamar os seus créditos, para que as tentativas de recuperação sejam mais bem sucedidas e, por fim, (iii) deve ser tomado em consideração um leque mais vasto de interesses, que envolverá todos aqueles potencialmente afetados pela insolvência, independentemente da qualidade de credores[107].

Aspeto particularmente bem conseguido em Portugal é a possibilidade de utilização do PER para que o devedor apresente um acordo extrajudicial de recuperação (art. 17º-I), que deve ser homologado pelo juiz. A preferência por acordos sem intervenção do tribunal é compreensível, face aos custos que implica o processo de insolvência. Para além dos evidentes custos monetários e temporais, a abertura de um procedimento judicial e a sua inerente publicidade (art. 38º CIRE)[108] gera os chamados "custos indiretos da insolvência", *i.e.*, custos de mercado, em termos de imagem, que resultam em perdas do valor de mercado. Estes custos representam, segundo estudos americanos realizados a propósito do capítulo 11 do BC, cerca de 10% do valor de mercado da empresa insolvente, enquanto os custos diretos da insolvência variam entre 3% a 4% para as pequenas empresas e 30% para as grandes empresas[109]. Daí que a opção do art. 17º-I, de promover a celebração de acordos extrajudiciais, seja uma refrescante inovação, já que, por mais rápido e económico que seja um processo de insolvência, este terá sempre associado o custo de publici-

---

"curatore fallimentare" (a par de uma licença de utilização) nunca poderá resultar em fraude para os consumidores, habituados às características dos produtos ou serviços, essenciais para o público.

[107] Neste sentido, cf. Vanessa Finch, *Corporate insolvency* cit., pp. 363 ss.

[108] Cf. também o paralelo § 30 InsO.

[109] Cf., sobre estes estudos, Horst Eidenmüller, *Unternehmenssanierung zwischen Markt und Gesetz: Mechanismen der Unternehmensreorganisation und Kooperationsplichten im Reorganisationsrecht*, Köln, 1999, pp. 74 ss.

dade negativa, que poderá, por esta via, ser evitado. Por um lado, os acordos entre credores e tribunais são alcançados de forma menos dispendiosa, mas, simultaneamente, consegue-se que o acordo goze de uma estabilidade e segurança jurídica que tornará a sua execução mais viável por via da homologação judicial[110]. Sem que haja homologação, o princípio da relatividade das obrigações (art. 406º/2 CC)[111] permitiria que credores que votaram contra o plano considerassem que não estavam por ele abrangidos e vinculados, pelo que tenderiam a bloquear a sua execução. É certo que os acordos extrajudiciais têm o inconveniente de não fornecerem a certeza de que os credores não tentem ver os seus créditos satisfeitos por via de execuções individuais. Por isso se costuma incluir as cláusulas *stand still*, que têm o mesmo efeito que o *automatic stay* já no processo de insolvência[112]. No entanto, a proteção conferida pelo CIRE não vai tão longe que tutele a formação extrajudicial de planos de recuperação da empresa. E bem: estamos no cerne da autonomia privada[113]. Não se pede que o regime insolvencial retire à empresa espaço de negociação.

---

[110] Não é pacífica, ainda assim, a bondade de uma solução deste tipo. Em Espanha, em crítica ao art. 5º bis LC, ARIAS VARONA, "Instituciones cit., 217, afirma que esta regra traduz uma penetração da conservação da atividade da empresa como limite ao direito individual de tutela do crédito e derroga o princípio básico de direito civil: a relatividade dos contratos. A relatividade é, naturalmente, um princípio do direito. Mas, tanto em Portugal como em Espanha, pode ser afastado "nos casos e termos especialmente previstos na lei" (art. 406º/2 CC), pelo que o problema não deve ser colocado – como faz o autor – sob o prisma da violação do princípio, mas, antes, na perspectiva de saber se a opção legal de derrogar o princípio tem subjacente uma *ratio* válida. Ora, pelo menos em Portugal, a reorientação do CIRE para a recuperação da empresa terá de ser levada a cabo através de medidas que assegurem a efetividade desse objetivo. Nessa óptica, consideramos adequada a derrogação legal do princípio da relatividade.

[111] Sobre a relatividade das obrigações, cf., por todos, EDUARDO SANTOS JÚNIOR, *Da responsabilidade civil de terceiro por lesão do direito de crédito*, Coimbra, 2003; MENEZES CORDEIRO, *Tratado de direito civil português*, II, tomo I, 2009, pp. 347-407.

[112] Cf. ARIAS VARONA, "Instituciones cit., 210.

[113] O art. 17º-F do CIRE exige que o plano de revitalização seja homologado pelo juiz, aplicando-se as normas do arts. 215º e 216º. Em Itália discute-se a possibilidade de, no momento da homologação do "concordato preventivo" o tribunal poder fazer um juízo de mérito sobre o plano. É matéria amplamente discutida neste ordenamento. DANILO

7. Participação dos sócios da empresa na aprovação do plano ou exclusiva competência dos credores?

O processo de insolvência dirige-se à satisfação dos credores, o que naturalmente justifica a pergunta relativa ao papel que estes sujeitos devem ter no processo. Nem por isso se pode esquecer, contudo, o lugar de outros potenciais afetados pelo resultado do processo de insolvência. Pensamos, em particular, nos sócios e acionistas de sociedades comerciais, cuja intervenção no processo não se encontra contemplada no regime português da insolvência. A solução não encontra justificação no objetivo de satisfação dos credores, o que explicaria que só a eles fosse atribuído um papel no processo[114]. Este fim prin-

---

GALLETTI, "Classi obbligatorie? No, grazie!", *Giurisprudenza Commerciale*, 37.2, Marzo-Aprile 2010, em anotação ao acórdão do Tribunale Biella 23 aprile 2009 *(ord.)*, pp. 343-359/II (343, 344) considera que a estrutura do "concordato preventivo" não consente semelhante juízo de mérito. Note-se, porém, que o acórdão citado foi de opinião contrária, tal como o *Tribunale di Monza* que fez uma leitura conforme à Constituição de forma a devolver esse poder ao juiz. Aderimos, no entanto, a GALLETTI: se é verdade que o controlo do juiz pode prevenir comportamentos fraudulentos, também é verdade que o juiz terá uma menor capacidade para avaliar a solução mais favorável à empresa insolvente, se a liquidação ou a recuperação. Acrescentaríamos que, face ao fator tempo, teremos de adotar o juízo que melhor se coadune com os princípio conflituantes. A solução portuguesa parece razoável: a não homologação oficiosa apenas pode resultar da violação não negligenciável de regras procedimentais ou de conteúdo (art. 215º CIRE). Confrontamo-nos, neste domínio, com um juízo de mérito, ainda que limitado, no que diz respeito ao conteúdo do plano. Poderia parecer que esta possibilidade obstaria à ideia de máxima desjudicialização do processo; porém, importante é não esquecer a *ratio* dos princípios. A desjudicialização quer-se em benefício de uma maior celeridade e alívio das funções do Estado. Ora, sem qualquer tipo de juízo de mérito, a consequência última poderá ser o não cumprimento do plano e subsequentes processos, que passarão, uma vez mais, pelo juiz da insolvência. Aliás, é assinalado pela Associazione fra le società italiane per azione, *Rapporto sull'attuazione della riforma della legge fallimentare e sulle sue più recenti modifiche*, 4/2012, disponível em http://webstat.giustizia.it/Area-Pubblica/Analisi%20e%20ricerche/Pubblicazione%20ASSONIME%20Note%20e%20 Studi%20n4-2012.pdf, que o "concordato preventivo", até 2012, não obteve grande sucesso devido à tendência do tribunal para controlar de maneira forte a proposta de plano. Outro problema que se aponta é o receio (justo) de que o "concordato preventivo" – o PER em Portugal – seja utilizado com objetivos dilatórios.

[114] A propósito da posição jurídica de terceiros que contrataram com o insolvente (art. 102º CIRE), MENEZES CORDEIRO, "Introdução cit., p. 500, refere que a primazia do

cipal indiscutível não esconde o impacto do processo na posição dos sócios, no que toca, em primeiro lugar, à própria decisão de reestruturação/liquidação e, em segundo lugar, às medidas concretas previstas pelo plano.

Não é de estranhar, por isso, que a solução de manter os sócios arredados do processo constitua uma (infeliz) originalidade do direito português, que uma correta interpretação do regime legal, conjugada com o regime jus-societário, só em parte consegue evitar.

O *Bankruptcy Code*, hoje integrante do *USC*, foi o primeiro código a fundamentar legalmente a formação de um grupo[115] constituído por terceiros interessados, como os sócios não credores da empresa insolvente (§1123 (b) (1) BC). Na Alemanha, apesar de só em 2012 ter sido introduzida a intervenção dos sócios, sempre se defendeu, embora *de lege ferenda*, que os sócios da empresa devedora deviam formar um grupo e ser considerados parte do processo de insolvência, à semelhança do que acontece nos Estados Unidos[116]. Notava-se en-

interesse dos credores exige o sacrifício dos terceiros. Não podemos, no entanto, servirmo-nos desta ideia e tentar generalizá-la: o autor recorre, nesta sede, a um conceito de terceiro diferente daquele por nós utilizado. Falamos do *terceiro interessado, i.e.*, de uma pessoa (singular ou coletiva) não interveniente no processo, mas em cuja esfera jurídica este se repercutirá. Resulta assim, evidente, que do art. 102º CIRE não se retira qualquer princípio geral quanto à posição jurídica dos terceiros.

[115] A votação do plano, tanto no espaço germânico como no norte-americano, é feita por grupos de credores e de terceiros. Existe, porém, uma diferença pontual entre estes ordenamentos. No que respeita às maiorias para a aprovação do plano as regras são similares: tanto o § 1126 (b) *BC*, como o § 244, (1), *InsO* dispõem que, para que se considere que um grupo de credores aceitou o plano, basta que a maioria dos credores com direito de voto assuma uma posição favorável, tendo essa maioria de representar mais de metade dos créditos dos credores com direito de voto. Na Alemanha, é necessário o consentimento de *todos* os grupos para que o plano seja aprovado, mas, dentro de cada um, o consentimento é obtido por maioria simples – ainda que com o requisito extra no § 244, (1), nº 2, *InsO* –, o que faz com que, na prática, possa ser aprovado um plano contra a vontade de um elevado número de credores. Pelo contrário, nos Estados Unidos bastará o consentimento de um único grupo para que o plano seja aprovado, com recurso à aplicação do § 1129 (b) *BC*, cuja norma não requer uma ficção legal de vontade, ao contrário da alemã. A intervenção do grupo de terceiros implica a aprovação do plano com a maioria de dois terços do valor total de interesses detidos pelo grupo.

[116] Cf., *v.g.*, SASSENRATH, "Der Eingriff in Anteilseignerrechte durch den Insolvenzplan", ZIP, 2003, pp. 1517-1530 (1528); MADAUS, *Der Insolvenzplan*, cit., p. 51.

tão que a impossibilidade de terceiros com interesses afetados pelo plano de insolvência intervirem na formação do plano diminuía a sua eficácia[117]. Ainda assim, reconhecia-se que a falta de regulamentação era provavelmente intencional, considerando que o primeiro relatório da *Kommision für Insolvenzrecht* salientava a importância da reestruturação empresarial e a necessidade de intervenção dos sócios, chegando a sugerir-se, em concreto, que, quando fosse necessário o consentimento destes para a tomada de medidas de recuperação da empresa, o tribunal se poderia substituir às maiorias necessárias. A *Diskussionsentwurf* viria a abandonar estas propostas, permitindo, no entanto, que o plano de insolvência regulasse a posição dos sócios da empresa insolvente[118]. A ESUG fez, finalmente, face a este "*Geburtsfehler*"[119] (erro de nascimento) da *InsO*, ao alterar o § 222, (1), acrescentando-lhe o nº 4. À semelhança do que já acontecia para os credores, também os sócios da empresa devedora e outros sujeitos com interesses afetados pelo plano de insolvência passam a formar um grupo, com direito de voto relativamente ao plano[120].

Perguntar-se-á se, no direito português, não existindo, sequer, votação por grupos, há margem, *de jure condito,* para uma intervenção dos sócios da empresa insolvente. Julgamos que, apesar de digna de crítica, não é sustentável, no seio do processo, tal intervenção, perante a falta de base legal expressa. O mesmo não se dirá ao abrigo do regime legal de direito das sociedades, quando se trate da apresentação do plano pelo próprio devedor. Neste caso, apesar da falta de direta previsão legal, é seguro sustentar a insusceptibilidade de a administração submeter um plano que afeta a posição dos sócios na sociedade sem

---

[117] Apontando, também, a falta da participação dos sócios no processo como uma falha do plano de insolvência e como a grande responsável pela falta de sucesso na sua aplicação, cf. JAFFÉ, "Restrukturierung cit., pp. 251 e 258.
[118] Cf. BT-Drucks. 12/2443, disponível em http://www.insolvenzrecht.de/inhalte/materialien/rege-inso-1992/. Sobre esta evolução, embora ainda antes da entrada em vigor da ESUG, cf. MADAUS, *Der Insolvenzplan* cit., pp. 50 ss.
[119] A expressão é de OBERMÜLLER, "Das ESUG cit., p. 1819.
[120] Em consonância com esta alteração, todos os §§ da *InsO* dedicados ao plano de insolvência que previam a participação e direitos dos credores passam a falar em direitos dos "participantes", de forma a abranger também os sócios.

prévia submissão da matéria a deliberação destes. Recorde-se que, em conformidade com o art. 198º CIRE, o plano pode envolver medidas estruturais que, nos termos do Código das Sociedades Comerciais, implicam naturalmente o consentimento da assembleia geral, incluindo nas próprias sociedades anónimas, onde a competência da assembleia geral é mais reduzida (art. 373º/1 e 3, CSC): pensamos, paradigmaticamente, no aumento e redução do capital, noutras alterações estatutárias, na transformação da sociedade ou na própria alteração dos órgãos sociais. Independentemente da posição de base que se tenha quanto ao problema de saber qual deve ser, *de jure condendo*, o grau de intervenção dos sócios na sociedade[121], o certo é que o nosso sistema societário tomou claramente partido no sentido da necessidade de todas estas medidas serem submetidas aos sócios, nunca podendo ser tomadas autonomamente pela administração. Julgamos que solução diferente não pode vigorar em caso de insolvência da sociedade, sobretudo considerando que a própria decisão de dissolução e liquidação é também, em geral, da competência dos sócios (artigo 142º CSC). Tanto basta, segundo cremos, para sustentar um dever legal de submissão do plano a deliberação social previamente à sua apresentação no processo: a solução é exigência, não das regras jus-insolvenciais, mas antes das próprias regras de direito societário.

Se dúvidas houvesse, bem poderíamos convocar, para este âmbito, o princípio da boa fé e os deveres que deste decorrem para os administradores perante os próprios sócios, matéria que hoje já se encontra consolidada no ordenamento português[122], à semelhança

---

[121] VERSE, "Anteilseigner im Insolvenzverfahren. Überlegungen zur Reform des Insolvenzplanverfahrens aus gesellschaftsrechtlicher Sicht", *ZGR*, 2010, pp. 299-324 (301--304) acentua que a intervenção dos sócios é particularmente importante quando a empresa esteja a ser recuperada e não tanto quando do plano de insolvência resulte a criação de uma nova sociedade destinada à exploração do estabelecimento insolvente.

[122] Sobre este, cf. MENEZES CORDEIRO, *Direito das sociedades*, I, 3.ª ed., Coimbra, 2011, pp. 850-888; "Os deveres fundamentais dos administradores das sociedades", *ROA*, II, ano 66 (2006), pp. 443-448; ANA PERESTRELO DE OLIVEIRA, *Grupos de sociedades e deveres de lealdade. Por um critério unitário de solução do "conflito de grupo"*, Coimbra, 2012, pp. 305 ss.

de outros direitos: recorde-se, a este respeito, a controversa decisão *Holzmüller* do BGH, bem como as outras decisões que a seguiram[123].

As consequências da violação deste dever serão sempre, todavia, meramente internas (*maxime*, a responsabilização dos administradores em termos civis), não se repercutindo na validade ou eficácia do plano de insolvência apresentado pelo devedor insolvente.

8. Balanço: novo CIRE e atuais contornos dos poderes dos credores no processo de insolvência

O CIRE adota uma sistemática funcional[124], mas não escapa ao necessário complemento material operado pela doutrina e pela jurisprudência, em prol da concretização dos valores e interesses orientadores do processo. Pergunta-se: haverá realmente um novo CIRE, depois da Lei nº 16/2012? A resposta deve ser afirmativa porquanto a novidade de qualquer lei deverá ser averiguada em função da filosofia de fundo adotada e da manutenção ou alteração do equilíbrio de interesses dos intervenientes. Como vimos, o CIRE altera radicalmente a sua filosofia: embora o objetivo primacial do processo continue a ser a satisfação dos credores, pela primeira vez desde 2004, este fim passa a estar limitado pela prevalência da recuperação sobre a liquidação. A nova filosofia do código é o ponto de partida para a resolução de vários problemas que surgiam na aplicação do anterior

---

[123] A sentença *Holzmüller* (BGH 25-fev.-1982, BGHZ 83 (1982), pp. 123-144) determinou que na alienação do estabelecimento de uma sociedade a direção deve convocar a assembleia geral. Sobre esta sentença e outras apelando para os mesmos princípios, cf. MENEZES CORDEIRO, "A lealdade no direito das sociedades", *ROA*, III, ano 66 (2006), pp. 1033-1065 (1049). Esta forma de recuperação da empresa – saneamento por transmissão (art. 199º CIRE) – tem a vantagem de captar novos sócios. É certo que na conversão de créditos em capital também se verifica este fenómeno. No entanto, os novos sócios eram credores da sociedade, enquanto no saneamento por transmissão os sócios são estranhos à empresa, o que lhes será mais benéfico. Cf. RUI SIMÕES, "A aquisição de empresas insolventes", *em* PAULO CÂMARA (coord.) *Aquisição de empresas*, Coimbra, 2011, pp. 371-399 (390-392).

[124] Esta é a posição de MENEZES CORDEIRO, "Introdução cit.", p. 494. O sistema funcional regula essencialmente a marcha do processo, enquanto o sistema dogmático ordena a matéria em função de categorias jurídicas.

regime e para a construção de novas e mais equilibradas soluções adaptadas ao atual contexto económico.

Do que até aqui defendemos, resulta que o papel central assumido pelo plano de insolvência aumenta substancialmente o espaço de atuação da vontade dos credores e de terceiros. Com este crescimento de autonomia, afigura-se essencial definir os exatos contornos e extensão das obrigações e deveres dos participantes entre si e perante a empresa insolvente. A este ponto dedicaremos o capítulo seguinte.

Capítulo II
Deveres fiduciários dos participantes no processo de insolvência

1. A importância do estudo dos deveres dos participantes e outros sujeitos no processo de insolvência

Apesar de o direito da insolvência ser dominado pelos vetores de "autodeterminação e autoresponsabilidade"[125], até agora ainda não foram estudados os deveres que vinculam os participantes e outros afetados pelo processo de insolvência, em parte porque a autonomia dos credores face ao tribunal era reduzida e, por outro lado, porque se exclui, em regra, dos estudos sobre a matéria o papel dos sujeitos afetados pelo processo mas que nele não intervêm. Hoje, com a relevância assumida pelo plano de insolvência, cujo centro de gravidade é a vontade e a autonomia dos participantes, torna-se cada vez mais importante garantir que esta não reveste uma forma violenta, que inviabilize a possibilidade prática de aprovação e execução do plano[126]. Importa, portanto, esclarecer se existem – e com que extensão – deveres que vinculem os credores entre si e perante a empresa, os sócios e também da empresa perante estes.

---

[125] MENEZES CORDEIRO, "Introdução cit., p. 468.
[126] ROBERT HÄNEL, *Gläubigerautonomie und das Insolvenzplanverfahren*, Berlim, 2000, pp. 63 ss. acentua o papel que o direito deve assumir no controlo da autonomia dos credores, individualmente considerados e enquanto comunidade criada pelo processo.

É essencialmente o direito norte-americano que tem fornecido contributos para o estudo da matéria, não obstante os passos dados também na Alemanha. CAMPBELL e FROST[127] apontam a tendência dos tribunais (norte-americanos) para definir a extensão dos deveres dos administradores das sociedades consoante a situação concreta da empresa. Assim, distinguir-se-iam quatro momentos diferentes: (i) o panorama de solvência da empresa; (ii) a situação de insolvência iminente, também denominada *"vicinity of insolvency"* ou *"zone of insolvency"*; (iii) o período prévio à apresentação à insolvência; e (iv) a fase de reorganização, ao abrigo do *Chapter 11 BC*. Em Portugal, a quarta etapa não se traduz necessariamente na recuperação da empresa insolvente, pelo que optamos por estudar apenas as três primeiras conjunturas económicas. Não se nega que a recuperação traduz o principal objetivo do CIRE. Entendemos, porém, que as considerações tecidas para a fase em que a empresa já se encontra insolvente devem ser as mesmas, quer a empresa esteja a ser recuperada, quer se encontre em processo de liquidação, uma vez que, ao contrário do que acontece no *BC*, o plano não resulta necessariamente na recuperação. Afinal, os deveres que vinculam os participantes no processo de insolvência e, em especial, no plano, são os mesmos, consoante a empresa esteja solvente ou insolvente. É isso que nos propomos demonstrar.

2. Primeiro momento de análise: solvência da sociedade

Os deveres a cargo da sociedade, dos administradores e dos sócios na situação geral em que a empresa é solvente já foram objeto de extensos estudos[128], pelo que, nesta secção, apenas retomaremos as linhas gerais relevantes em sede de processo de insolvência. O objetivo último será a respetiva configuração e enquadramento no processo. Tomamos como ponto de partida, portanto, a doutrina e jurisprudência já abundantemente estudada e consolidada para a moldar a

---

[127] "Managers' fiduciary duties in financially distressed corporations: chaos in Delaware (and elsewhere)", 2006 (24 de abril), disponível em http://ssrn.com, p. 3.
[128] Cf., por todos, sobre a construção de deveres de lealdade, ANA PERESTRELO DE OLIVEIRA, *Grupos* cit., *passim*.

um campo jurídico onde não se tem, ainda, pelo menos em Portugal, feito apelo à boa fé. A partir daí explicaremos a base para que deva considerar-se que os credores no processo de insolvência estão também vinculados entre si e perante a sociedade a deveres fiduciários, o que permitirá fundar as soluções que defendemos no Capítulo III.

2.1. Deveres da sociedade perante os sócios e credores

Em primeiro lugar, não oferece dúvidas nem carece de maior desenvolvimento a existência de deveres da sociedade perante os sócios e perante os credores. No primeiro caso, trata-se de deveres resultantes da própria relação social, já estudados, e que têm correspondência nos deveres dos próprios sócios perante a sociedade (cujo reconhecimento, apesar de mais tardio, há muito foi estabelecido). No segundo caso, os deveres da sociedade perante os credores não são mais do que os deveres vulgarmente resultantes da relação obrigacional, nos termos gerais, cuja violação gera responsabilidade obrigacional.

2.2. Deveres dos administradores perante a sociedade, os sócios e os credores

Tradicionalmente, os deveres fiduciários dos administradores são apresentados como um dever de maximizar um *valor,* restando saber *para quem.* O foco da questão não reside, assim, na fundamentação da existência de deveres de boa fé dos administradores, já amplamente estudada[129], mas na interrogação sobre *quem* são os respetivos benefi-

---

[129] Este é assunto que foge ao âmbito do nosso estudo. Diga-se, porém, que os deveres de boa fé dos administradores eram vistos, inicialmente, como o resultado do vínculo específico que os ligava à sociedade, que era equiparado a um mandato em que seria necessário o complemento da boa fé. Posteriormente evoluiu-se para a ideia de que os administradores estão a gerir bens alheios, o que origina deveres específicos. Sobre esta evolução, cf. MENEZES CORDEIRO, "A lealdade cit., p. 1042. Os deveres de lealdade dos administradores tem tido acolhimento nos diferentes ordenamentos jurídicos. No direito norte-americano – fomentado pela diversidade de fontes legais– a harmonização desta questões encontrou arrimo na *soft law*. Compilaram-se as normas já existentes nos vários estados, de forma articulada e atualizada. A *American Bar Association* aprovou o *Model Business Corporation Act* (1954) e o *American Law Institute* elaborou, em 1994, os *Principles os Corporate Governance (PCG)*, que reservam aos deveres fiduciários a

ciários. Que estes deveres vinculam o administrador perante a sociedade é evidente. A dúvida é se haverá outros beneficiários, *maxime* os sócios e os credores.

A base legal da matéria é, como se sabe, o artigo 64º CSC. Tal norma não exprime adequadamente, é certo, a obrigação típica do administrador, uma vez que esta é, em termos principais, a de administrar a sociedade, constituindo um conceito-síntese, suscetível de ser decomposto e concretizado com recurso a vários deveres que integram esta posição jurídica "compreensiva, passiva e relativa"[130]. Esta obrigação, que resulta genericamente do art. 64º CSC, engloba um dever de diligência, que se traduz, na prática, num dever de os administradores gerirem racionalmente a sociedade, informando-se sobre a situação desta e controlando a forma como os administradores executivos ou os diretores conduzem o dia-a-dia societário, cujo grau de esforço deverá ser maior do que a diligência do bom pai de família (487º/2, CC), exigindo-se, sim, uma bitola qualificada[131]. O preceituado no art. 64º merece da doutrina a constatação de que

Parte V ("*duty of fair dealing*"). Com mais detalhe, cf. Nuno Trigo dos Reis, "Os deveres de lealdade dos administradores de sociedades comerciais", *Temas de direito comercial, Cadernos O Direito*, nº 4, 2009, pp. 279-419 (282-293). Na Alemanha, é em 1983 que a jurisprudência primeiro refere a lealdade, na sentença do RG de 21 de setembro, onde se estabelece a existência desse dever entre os acionistas e dos acionistas perante a sociedade, depois de uma larga corrente jurisprudencial onde se acentuava a inexistência de deveres dos administradores. Cf. o amplo leque de sentenças recolhido por Menezes Cordeiro, "A lealdade cit., de onde destacamos ROHG 20 Out. 1877 (os interesses em jogo só seriam relevantes quando redundassem em adstrições previstas de forma expressa), RG 25 Set. 1901 (caso Deutsche Tageszeitung: a exclusão de um sócio era impossível por contrária à essência da sociedade anónima), RG 8 Abr. 1908 (caso Hibernia: não seria contrária aos bons costumes uma exclusão da preferência dos acionistas, mesmo inexistindo interesses atendíveis nesse sentido). Embora tenha sido abandonada a lealdade no período do pós-guerra – associada ao pensamento nacional-socialista – a ideia acabou, mais tarde, por ser definitivamente recuperada.

[130] Neste sentido, cf. Carneiro da Frada, "A *business judgement rule* no quadro dos deveres gerais dos administradores", *ROA*, I, ano 67 (2007), pp. 159-205 (162).

[131] Cf. Catarina Pires Cordeiro, "Algumas considerações críticas sobre a responsabilidade civil dos administradores perante os accionistas no ordenamento jurídico português", *O Direito*, ano 137º (2005), I, pp. 81-135 (108).

"mantemos o Direito das sociedades mais complicado da Europa"[132]. Desta norma resultam, todavia, com clareza, deveres de diligência e deveres de lealdade – seja qual for o seu exato conteúdo (e que podemos, sem maiores especificações neste contexto, aglutinar na ideia de "deveres fiduciários") – cujo beneficiário primário é a própria sociedade.

Os administradores estão ligados a esta por um vínculo de cariz obrigacional (ainda que não contratual), que lhes impõe, indiscutivelmente, deveres diretos perante a mesma. O seu desenvolvimento está sobejamente aprofundado na doutrina nacional, não se justificando retomar aqui o tema[133]. Da mesma maneira, é também possível afirmar determinadas hipóteses de deveres de lealdade dos administradores perante os sócios: estas são, todavia, mais restritas, atento o facto de, por regra, os administradores estarem obrigados, sim, a observar o dever de lealdade da sociedade (na medida em que é através deles que esta atua), não se tratando de deveres próprios. Em alternativa, estão em causa deveres próprios dos administradores mas perante a sociedade e que apenas indiretamente aproveitam aos sócios[134]. Assim, só excecionalmente se identificam deveres dos administradores imediatamente perante os sócios da empresa. Veremos, porém, que a conclusão pouco ou nenhum relevo tem no âmbito do processo de insolvência.

No que respeita aos deveres dos administradores perante os credores, há que notar, em primeiro lugar, que aqueles estão obrigados a respeitar os deveres da sociedade na qualidade de seus representantes (o chamado "dever de legalidade"). Não se trata, aí, portanto, em rigor, de deveres próprios. Não havendo uma relação obrigacional entre administradores e credores, aparentemente restaria perguntar se existe um dever geral de tipo aquiliano que vincule os primeiros perante os segundos. O artigo 78º/1, CSC determina, a este

---

[132] MENEZES CORDEIRO, "Os deveres cit..
[133] Cf., por último, v.g., PEDRO CAETANO NUNES, *Dever de gestão dos administradores de sociedades anónimas*, Coimbra, 2012, pp. 28-159 sobre a natureza da relação jurídica de administração. Sobre os deveres dos administradores perante a sociedades, cf. pp. 469 ss.
[134] Cf. ANA PERESTRELO DE OLIVEIRA, *Os grupos* cit., pp. 306 ss.

propósito, a responsabilização, a título delitual, dos administradores quando, por comportamento culposo seu, seja violada norma de proteção dos credores e a sociedade se torne consequentemente incapaz de satisfazer as suas obrigações (ilícito de resultado)[135]-[136]. Tem-se apontado como exemplo de normas desse tipo aquelas que assumem a função de garantia do capital social ou que impõem um dever de respeito do objeto social (art. 6º/4, do CSC), as que estabelecem o dever de apresentação à insolvência (arts. 18º e 19º do CIRE) e, ainda, a norma do art. 186º CIRE, que permite a qualificação da insolvência como culposa[137].

Note-se, contudo, que, independentemente da identificação de uma norma de proteção, é sempre possível afirmar a existência de um dever geral de respeito pelas posições creditícias alheias, que se traduz numa oponibilidade fraca da relação obrigacional, que encontra expressão no ordenamento francês (art. 1382º do Código de

---

[135] Cf. ADELAIDE MENEZES LEITÃO, *Responsabilidade dos administradores para com a sociedade e os credores sociais por violação de normas de proteção*, RDS 3 (2009), 647-679.

[136] Ao abrigo da anterior versão do CIRE, MARIA ELISABETE RAMOS, "Insolvência da sociedade e efetivação da responsabilidade civil dos administradores", *BFDUC*, vol. LXXXIII, Coimbra, 2007, pp. 449-489 (463), concluía que entre o conceito de insuficiência patrimonial previsto no art. 78º/1, CSC e o conceito de insolvência havia um espaço para operar a distinção, que resultaria da ideia de que a impossibilidade de cumprir as obrigações vencidas não é necessariamente equivalente a uma inferioridade do ativo face ao passivo. Perante o art. 3º/2, CIRE, porém, não havia como não concluir que a insuficiência patrimonial releva não apenas como requisito de responsabilidade civil dos administradores perante os credores sociais, mas também como pressuposto objetivo da situação de insolvência, o que aumentaria a "zona de sobreposição entre a insuficiência patrimonial e a insolvência", mantendo-se, porém, as devidas diferenças. Hoje, com a introdução da noção de "situação económica difícil" (art. 17º-B CIRE) como pressuposto objetivo do PER não se vê como haja espaço para manter a diferenciação entre este conceito e o do art. 78º/1, CSC. Se é certo que a situação económica difícil não implica, ainda, a insolvência da empresa, a insuficiência patrimonial, tal como definida no art. 78º do CSC terá de ter um papel relevante na densificação deste conceito.

[137] Cf. MARIA ELISABETE RAMOS, "Insolvência cit. pp. 461 ss. Como exemplos de normas que tutelam o capital social podem ser apresentadas, *v.g.*, as normas dos arts. 32º, 218º, 295º, 317º/4 do CSC.

Napoleão) e, também, no italiano[138]. De qualquer forma, a partir do momento em que se aceita a existência de eficácia externa das relações obrigacionais, terá sempre de existir um correspectivo dever geral de respeito.

Assim, no mínimo, pode dizer-se que os administradores estão vinculados a tal dever geral de respeito pelas posições jurídicas dos credores sociais, o que de forma alguma se confunde com um dever de lealdade perante estes. Julgamos que deve ver-se no artigo 64º uma norma de proteção dos credores e que, devidamente interpretada, o escopo da norma inclui a proteção da posição creditícia. Se existe, em geral, um dever de respeito pelos créditos alheios, não pode recusar-se tal dever a cargo do administrador da sociedade comercial perante os seus credores. Com uma diferença essencial face ao dever geral em causa: é que o administrador está, perante o credor, numa especial posição de proximidade (ainda que de facto), ao contrário do vulgar terceiro perante o vínculo obrigacional alheio. Esta posição particular, se não é suficiente para fundar deveres de lealdade perante os credores, permite, pelo menos, segundo julgamos, defender que os deveres do artigo 64º têm uma eficácia de proteção dos mesmos.

De resto, questionando os deveres que se estabelecem entre os acionistas e o administrador, já foi ponderada[139] a possibilidade de existência de um contrato (*rectius*, relação obrigacional) com eficácia de proteção para terceiros. Como é doutrina consolidada, para que se possa considerar que um contrato tem eficácia de proteção para terceiros, haverá alguns requisitos que terão de se encontrar preenchidos. Serão eles (i) o terceiro destinatário dos deveres de proteção estar exposto aos riscos do contrato com a mesma intensidade que

---

[138] Cf. MENEZES CORDEIRO, *Tratado* cit., II, tomo I, p. 353. Já no direito alemão o dever geral de respeito concedido aos créditos é visto de forma mais restritiva, face à redação do § 823/I.

[139] Cf. CATARINA PIRES CORDEIRO, "Algumas cit., pp. 129 ss. A autora salienta, a propósito da potencial responsabilidade do administrador perante os acionistas, que nos encontramos aqui num domínio que não se enquadra na dicotomia entre contrato e delito e representaria, antes, um *tertium genus*.

o credor; (ii) o credor deverá ter um especial interesse na proteção do terceiro, que poderá resultar da especial proximidade entre estes; (iii) o devedor, no momento em que se vincula, deverá poder identificar a especial relação existente entre o credor e o terceiro e a exposição deste aos riscos do contrato e, por fim, (iv) exige-se que o terceiro necessite proteção[140]-[141].

Sempre se poderia argumentar, contra a existência de um tal dever dos administradores, que não existe direito sem a correspetiva forma de o efetivar. Ora, aparentemente, os credores não gozam, no processo, de legitimidade ativa para intentar uma ação de responsabilidade civil contra os administradores da sociedade (art. 82º/3, b), CIRE). A favor desta tese jogaria o princípio da *par conditio creditorum*, i.e., não havendo nenhum motivo que justifique a aplicação de regras especiais, os credores estão em pé de igualdade perante o devedor (art. 604º CC). Assim se proibiria que qualquer credor conseguisse, por uma via diferente da do processo de insolvência, uma satisfação mais rápida ou mais completa, que poderá prejudicar os restantes credores. Por outro lado, dir-se-á que o art. 82º/2, b), CIRE deixa subentendido que estão em causa interesses individuais e homogéneos dos credores da insolvência, que devem ser prosseguidos pelo administrador da insolvência, sendo que a ação de responsabilidade civil não visará ressarcir o credor singular, mas sim aumentar a massa insolvente, em relação à qual concorrem todos os credores[142]. Note-se, todavia, que a relevância da questão se encontra, atualmente, diminuída face à redação do artigo 189º/2, al. e), CIRE, que determina que, na sentença de qualificação da insolvência como culposa, o juiz deve condenar as pessoas afetadas a indemnizarem os credores

---

[140] Sumariando estes requisitos que resultam da jurisprudência e doutrina alemãs, cf. CATARINA PIRES CORDEIRO, "Algumas cit., p. 132. Mas, mesmo em sede de responsabilidade dos administradores, a autora enfatiza a importância de não absolutizar o contrato com eficácia de proteção para terceiros, apontando, antes, para a responsabilização como processo "prático, autopoiético e aberto" (p. 134).

[141] Cf. também ANA PERESTRELO DE OLIVEIRA, *Os grupos* cit., pp. 270 e 271.

[142] Com estes argumentos, cf. CARNEIRO DA FRADA, "A responsabilidade dos administradores na insolvência", *ROA*, II, ano 66 (2006), pp. 653-702 (673), MARIA ELISABETE RAMOS, "Insolvência cit., pp. 472 e 473.

no montante dos créditos não satisfeitos. Assim em parte se ultrapassa o obstáculo da eventual inércia do administrador da insolvência para propor uma ação de responsabilidade contra os administradores da sociedade. Esta continua a ser problemática, todavia, naquelas situações em que a diminuição da massa seja posterior à situação de insolvência.

2.3. Deveres dos sócios perante a sociedade

O reconhecimento de deveres dos sócios perante a sociedade está, como dissemos, hoje assente, apesar do processo atribulado que sofreu. Curioso é notar que, no percurso trilhado, foi precisamente a situação de insolvência iminente da sociedade que constituiu o motor que impulsionou esse reconhecimento, *maxime* no que toca ao caso mais problemático, o dos sócios minoritários, já que, quanto aos maioritários, o processo foi mais linear. A matéria está já estudada, pelo que nos limitamos, a este respeito, a remeter para as múltiplas análises já desenvolvidas.

3. Segundo momento: a situação económica difícil, a insolvência iminente e a situação de insolvência efetiva.

3.1. O estado da questão nos EUA

Costuma ser apontado[143] que, segundo a lei do Delaware, a partir do momento em que uma empresa se encontra em situação de insolvência os administradores deixam de estar obrigados a prosseguir o interesse dos sócios, passando a estar vinculados por deveres fiduciários perante os credores da insolvência[144].

Este entendimento, sufragado logo em 1992, foi, porém, colocado em causa na paradigmática sentença proferida no caso *North American Catholic Educational Programming Foundation, Inc. v. Gheewalla*[145] onde se lê que, em situação de insolvência, os administradores não

---

[143] Cf., *v.g.*, CAMPBELL/FROST, "Managers cit., p. 12.
[144] Cf. Geyer v. Ingersoll Publications Co., 621 A. 2d 784 (Del Ch. 1992).
[145] Cf. *North American Catholic Educational Programming Foundation, Inc. v. Gheewalla*, 930 A.2d 92, 100-101 (Del. 2007).

estão vinculados perante os credores por deveres de lealdade. Apesar de o tribunal reconhecer expressamente que os credores são os beneficiários "residuais" e principais prejudicados por qualquer violação do dever de boa fé que resulta numa redução do valor da empresa, considerou que a tutela dos credores apenas poderá resultar dos contratos celebrados com a sociedade e do *covenant* implícito de boa fé.

A sentença *Gheewalla* tem, no entanto, sido desconsiderada: tome-se o exemplo do Supremo Tribunal da Florida, que reconheceu, em 2007, a relação fiduciária estabelecida entre administradores e credores, defendendo que os primeiros deverão atuar no *best interest of creditors*, uma vez que o valor da sociedade constitui a garantia de satisfação dos créditos[146]. Os tribunais têm, portanto, oscilado quanto à existência de uma deslocação ou *shift* dos deveres de boa fé dos administradores a favor dos credores quando a sociedade entre em situação de insolvência. Importa estudar a questão.

3.2. O contributo de outros ordenamentos jurídicos: a proibição de obstrução na *InsO* e a *cram down rule* no *BC*

A questão dos deveres fiduciários dos administradores já foi indiretamente abordada em ordenamentos como o alemão ou o americano, acabando por se fazer apelo à boa fé. Mesmo na Alemanha – profícua em estudos sobre o direito da insolvência – reconhece-se que os deveres entre os credores ainda não foram devidamente estudados[147]. Em todos estes espaços jurídicos existe uma norma que constitui auxílio na construção e na interpretação dos deveres que defende-

---

[146] Cf. os casos *Guar. Trust & Sav. Bank v. United States Trust Co.*, 103 So. 620, 622 (Fla. 1921) e *Florida Coastal Airlines, Inc.*, 361 B.R. 286 (Bankr. S.D. Fla. 2007). Em sentido divergente, negando a existência de deveres fiduciários perante os credores, cf. o caso julgado, no mesmo ano, na Florida, *Mukamal v. Bakes*, 383 B.R. 798 (S.D. Fla. 2007). A divergência poderá, no entanto, residir na aplicação da lei do Delaware.

[147] Cf. Dirk Schulz, *Treupflichten* cit., pp. 1-5. O autor, que se assume como o primeiro a tratar o tema dos deveres de lealdade entre os credores, acentua que o direito da insolvência deverá ser encarado como uma tentativa de aproximação entre o direito e a moral. Não nos situamos desta perspetiva, uma vez que os deveres que defendemos são, antes, fundados em sólidas bases jurídicas.

mos. Na Alemanha, a denominada *Obstruktionsverbot* (§ 245 *InsO*), que bebeu a sua inspiração na *cram down rule* do § 1129, (b), *BC*, permite, ainda que de forma mediata, ter em consideração a boa fé no processo de insolvência.

Qualquer destas normas visa prevenir que um credor, utilizando a força[148] da sua posição jurídica em detrimento de outros credores, alcance objetivos arbitrários ou vantagens especiais, que dificultem ou impeçam a recuperação da empresa insolvente[149]. A prevenção de situações deste tipo é atingida, nestes países, ficcionando o voto favorável daqueles credores que atuem abusivamente. Os critérios legais que permitem ao tribunal homologar o plano, mesmo que não tenham sido conseguidas as maiorias necessárias dentro de grupos de votantes são cumulativos e assumidos, pela doutrina e jurisprudência, como taxativos. Entre estes deve avaliar-se, na Alemanha, *v.g.*, (i) se os credores do grupo que votou contra o plano não sofrem qualquer perda tomando como ponto de confronto a situação em que estariam caso não existisse plano, (ii) se os credores do grupo participam, numa extensão razoável, no valor que recebem com o plano e (iii) se a maioria dos grupos o aprovou[150]. Na *InsO-E*, a regra em causa

---

[148] Cf. JOCHEN DRUKARCZYK, em *Münchener Kommentar – Insolvenzordnung, Band 2, §§ 103-269*, 2.ª ed., München, 2008, §245, pp. 1998-2033 (2002), a este propósito refere as *strategischen Manövers* dos credores com mais poder no processo, afirmando, precisamente, que o objetivo da norma é controlar este tipo de esquemas fraudulentos.

[149] Cf. MICHAEL JAFFÉ, , em KLAUS WIMMER, *Frankfurter Kommentar zur Insolvenzordnung*, 6.ª ed., 2011, Köln KLAUS WIMMER, *Frankfurter Kommentar zur Insolvenzordnung*, 5.ª ed., 2009, Köln, § 245, pp. 1758-1767 (1760).

[150] A este respeito, é criticada a possibilidade de se recorrer à proibição de obstrução sem que seja exigida uma maioria qualificada a apoiar o plano (cf., *v.g.*, STEFAN SMID, "Gerichtliche Bestätigung des Insolvenzplans trotz Versagung seiner Annahme durch Abstimmungsgruppen von Gläubigern – Zur Reichweite des sogenannten Obstruktionsverbot gem. § 245 InsO. Zugleich ein Beitrag zu den Maßstäben der "Obstruktionsentscheidung" des Insolvenzgerichts gem. § 245 InsO nach künftigem Recht", STEFAN SMID/NORBERT FEHL (orgs.), *Recht und Pluralismis, Fst. Hans-Martin Pawlowski*, 1997, pp. 387-441 (389). Escrevem SMID, "Gerichtliche Bestätigung...., cit., p. 422 e ROLF STÜRNER, "Aufstellung und Bestätigung des Insolvenzplans", DIETER LEIPOLD (org.), *Insolvenzrecht im Umbruch. Analysen und Alternativen*, Köln, Berlin, Bonn, München, Heymann, 1991, pp. 41-49 (46 e 49) que se deveria exigir que, em cada

foi alterada para se moldar à intervenção dos sócios no processo, já há muito tida em conta no *BC*.

Nos Estados Unidos, face à redação do § 1129 (b), que apenas apresenta como requisito para a possibilidade de homologar um plano sem as maiorias necessárias, que este não "discrimine injustamente", poderia pensar-se num regime mais permissivo. Porém, o § 1129, (b), (2), (A) e (B) especifica, de forma consideravelmente mais extensa e pormenorizada do que a alemã, o que deverá considerar-se uma discriminação injustificada, diferenciando aquilo que se considera iníquo consoante esteja em causa uma classe garantida ou não. A norma americana, por ser mais descritiva, apresenta a vantagem de evitar as críticas apontadas à dificuldade prática de aplicação do § 245 *InsO*. Os tribunais não seriam suficientemente qualificados para fazer o juízo de prognose póstuma, exigido pelo § 245, (1), nº 1. Comparar a situação em que se encontraria um credor/sócio sem que existisse plano com a criada pelo plano de insolvência exigiria um juízo extremamente técnico e moroso, que apenas aqueles mais próximos da atividade da empresa insolvente estariam aptos a

grupo, se obtivesse dois terços de votos favoráveis. Numa linha diametralmente oposta, alguns autores, como HERWEG (*Das Obstruktionsverbot* cit., p. 53), salientam que a eficiência de um plano de insolvência não depende de qualquer maioria qualificada, pelo que o legislador, no § 245 InsO, consagra, na realidade, princípios económicos essenciais. O ótimo económico é conseguido por aquele plano que coloque pelo menos uma parte numa posição mais vantajosa do que aquela em que estaria sem um plano e as outras não fiquem numa posição pior do que aquela em que estariam sem o plano. É o ótimo de Pareto que justifica, portanto, a restrição da autonomia dos membros do grupo que votou contra o plano (Cf. EBERHARD BRAUN, "Eingriff in Anteilseignerrechte im Insolvenzplanverfahren. Das U.S.-amerikanische Konzept in Chapter 11 Bankruptcy Code und seine deutsche Entsprechung", *em* HANS GERHARD GANTER//PETER GOTTWALD/HANS-JÜRGEN LWOWSKI, *Fs. für Gero Fischer zum 65. Gerburtstag*, pp. 53-70 (60)). Aliás, sempre poderíamos dizer que não é só no § 245 *InsO* que se ficciona a vontade. Também no seio de cada grupo se considera que este votou favoravelmente ao plano, já que, como explicámos *supra*, basta que a maioria dos credores com direito de voto apoie o plano e que o conjunto dos créditos detidos por essa maioria exceda metade do conjunto de créditos com direito de voto (§ 244, (1), *InsO*). Admite-se, portanto, que um grupo vote favoravelmente ao plano, mesmo que haja credores discordantes. O essencial é que sejam conseguidas estas maiorias dentro de cada grupo.

formular[151]-[152]; a falta de preparação técnica dos juízes não se compaginaria, portanto, com a aplicação do preceito. Embora reconheçamos que um juízo deste tipo resulta numa maior delonga do processo, não aderimos aos argumentos que se baseiam na falta de competência técnica dos tribunais. Naturalmente poderá ser necessária uma avaliação feita por peritos, mas tal não pode obstar à utilização de critérios económicos no processo de insolvência[153]. Pelo contrário, tipicamente, os tribunais lidam com problemas que extravasam a ciência do direito. Pense-se em detalhes técnicos de engenharia ou de medicina, tantas vezes levantados em tribunal. O processo de insolvência não é exceção[154].

O sistema alemão – aproximando-se, ao máximo, do americano – promove a aprovação de planos de insolvência. Ainda que a letra do § 1 *InsO* coloque em perfeita alternatividade a opção pela liquidação ou pela aprovação de um plano, é comummente entendido que a orientação deverá ser a promoção da autonomia privada[155] dos credores/sócios. Era nesse sentido que se pronunciava a doutrina, antes de

---

[151] Cf. STÜRNER, "Aufstellung cit., p. 46.

[152] A *GSV* advogou, na altura em que a *ESUG* esteve em discussão, um aumento da preparação dos tribunais. Essa formação não poderá, porém, ser ministrada pela *GSV*, para que não seja posta em causa a necessária imparcialidade e neutralidade da justiça. Cf. SCHMIDBERGER, "Zur Stellungnahme cit., p. 1407.

[153] Neste sentido, cf. HERWEG, *Das Obstruktionsverbot* cit., pp. 53-56. É certo, no entanto, que, *v.g.*, JAFFÉ, "Restrukturierung cit., pp. 254 e 255, aponta que a falta de especialização dos tribunais da insolvência, na Alemanha, se deve, em larga medida, à sua dispersão, ao contrário dos EUA, onde existem 94 tribunais de insolvência e o de cada distrito judicial é responsável por todos os processos de insolvência desse distrito. Na Alemanha existem 182 tribunais da insolvência – sendo que só na Baviera se podem contar 29 – o que pode resultar numa falta de especialização dos pequenos tribunais.

[154] Nem se argumente que falta um critério objetivo que delimite os casos em que pode ser ficcionada a vontade de um grupo. O critério é exclusivamente económico e implica a renúncia à consideração de qualquer outro motivo, de ordem puramente pessoal, que tenha levado à votação contrária ao plano.

[155] Cf., neste sentido, FRITZ BAUR/ROLF STÜRNER/ALEXANDER BRUNS, *Zwangsvollstreckungsrecht*, 13ª ed., Heidelberg, München, Landsberg, Berlin, 2006, p. 59. Para estes Autores, o domínio do curso do processo encontra, na Alemanha, assento constitucional no art. 2º, (1), GG, onde se pode ler que "cada pessoa tem o direito ao livre desenvolvimento da sua personalidade, desde que não viole os direitos de outrem ou a ordem

2012[156], sendo que esse movimento foi corporizado com maior intensidade pela iniciativa legislativa que conduziu à aprovação da ESUG.

Aliás, a proibição de obstrução, tal como resulta do § 245 InsO[157], foi, em larga medida, influenciada pela *cram down* rule, expressão que encontra origem na linguagem coloquial americana, representando a imposição da vontade de uma mãe aos filhos[158]. Ainda que a norma se encontre nos dois ordenamento jurídicos, o direito norte-americano não poderá ser um elemento de grande importância na interpretação da disposição alemã, uma vez que os objetivos prosseguidos pelo plano de insolvência são distintos nos dois ordenamentos jurídicos, o que, inevitavelmente, se repercute em diferenças interpretativas.

Em qualquer caso, não deverá causar surpresa a possibilidade de ficcionar o consentimento de um grupo de credores que tenha votado contra o plano, já que esta é uma ferramenta forte de promoção da recuperação da empresa. Pense-se nos planos mais simples, aqueles que são puramente moratórios (*Stundungsvereinbarungen*), *i.e.*, acordos que adiam o momento de exigibilidade[159] dos

---

constitucional ou moral". Em Portugal, o mesmo princípio pode ser encontrado no art. 26º CRP.

[156] Cf., *v.g.*, CHRISTIAN GRAF BROCKDORFF, *em* EVA MARIA HUNTEMANN/CHRISTIAN GRAF BROCKDORFF (orgs.), *Der Gläubiger im Insolvenzverfahren*, Berlim/Nova Iorque, 1999, p. 327.

[157] PAPE, "Gesetz cit., pp. 1039 e 1041 aplaude a extensão da proibição de obstrução também aos acionistas e sócios da empresa devedora, tecendo, assim, uma consideração de fundo favorável ao instituto.

[158] Cf. CHRISTIAN HERWEG, *Das Obstruktionsverbot* cit., p. 30, nota 117.

[159] Falamos em alteração do momento de *exigibilidade* do crédito e não do seu *vencimento* porque a aprovação de um plano moratório não implica que o crédito não esteja vencido. Pelo contrário, o vencimento das obrigações resultará sempre das regras gerais [vencimento pelo decurso do prazo ou por interpelação, no caso das obrigações puras (art. 777º/1 CC), por perda objetiva de interesse (art. 808º/2 CC) ou depois de decorrido o prazo da interpelação admonitória (art. 808º/1, 2.ª parte)] e não nos parece que um plano votado posteriormente ao acionamento das regras que determinam o vencimento das obrigações possa ter eficácia para as alterar. Aliás, o art. 91º/1, CIRE impõe que a declaração de insolvência determine o vencimento de todas as obrigações do insolvente não subordinadas a uma condição suspensiva. Assim, o que acontece é que os créditos ficam *temporariamente inexigíveis*, como aliás a lei expressamente prevê noutros casos. Pense-se na solidariedade.

créditos[160]. Assumem considerável importância prática por não implicarem o recurso a empréstimos para que a empresa continue a funcionar, nem que os credores abdiquem dos seus créditos, pelo que se aumenta a probabilidade de aprovação pela assembleia. Mesmo assim, a tendência será os credores garantidos votarem desfavoravelmente, uma vez que da imediata liquidação resulta um pagamento imediato dos seus créditos[161], sem necessidade de esperar pelo decurso do prazo admonitório estabelecido a favor do insolvente. Já os credores que não gozem de qualquer tipo de garantia aceitarão um plano deste tipo com mais facilidade, considerando que na fase de liquidação, em virtude da graduação de créditos, poderão não conseguir ver os seus direitos satisfeitos. É precisamente nestes casos que a ficção de consentimento, prevista no *BC* e na *InsO*, assume utilidade, ao permitir que se considere que a alteração do momento de exigibilidade do crédito, em que se mantêm as garantias deste, não deve ser considerada uma perda que justifique bloquear a aprovação de planos de recuperação, que impliquem, também, uma vertente moratória.

Face a estas linhas orientadoras, já houve quem encontrasse o fundamento da proibição de obstrução no princípio da boa fé, plasmado no § 242 BGB. Este princípio, moldado ao direito falimentar, conduz à homologação do plano sem as necessárias maiorias se este não degradar a posição do credor[162]. No fundo, os pressupostos da ficção da vontade positiva dos credores que votaram contra o plano traduzem-se apenas em critérios para aferir se estão preenchidos os pressupostos da tutela da confiança.

Porém, mais do que a sua aplicação prática, tem-se apontado o efeito de *Erhöhung des Einigungsdrucks* do § 245, *i.e.*, o efeito de alte-

---

[160] Numa tradução literal, trata-se de "planos de prorrogação", também designados como "planos moratórios", expressamente consagrados nos §§ 223, (2) e 224 InsO. Cf. CHRISTIAN HERWEG, *Das Obstruktionsverbot*, cit., p. 20.

[161] Cf., neste sentido, CHRISTIAN HERWEG, *Das Obstruktionsverbot* cit., pp. 21 e ss., que cita, como exemplo, o caso julgado pelo LG Traunstein, em 1999, em que um grupo de credores, no qual se integravam dois bancos com créditos garantidos, votou contra um plano que previa a recuperação de uma empresa mediante um empréstimo e onde se garantia o pagamento dos créditos e respetivos juros.

[162] Cf. CHRISTIAN HERWEG, *Das Obstruktionsverbot* cit., p. 51.

ração do sentido de voto e de convergência de vontades resultante da possível aplicação do parágrafo. A pressão gerada pela eventual aplicação da proibição de obstrução resulta numa maior probabilidade de convergência de vontades e tem, portanto, mais utilidade enquanto potenciadora de comportamentos convergentes na fase de negociações do que na sua concreta aplicação pelo tribunal[163]. Assim se alcança um dos principais objetivos do processo de insolvência: a obtenção de um consenso que resulte num plano de insolvência. O facto de semelhante regra não vigorar em Portugal não implica que não existam formas de pressionar a convergência de vontades. No nosso ordenamento jurídico, enveredamos pela via dos deveres existentes no processo e pelas soluções que defenderemos no capítulo III. Deste modo, poderão ser eliminados alguns dos custos indiretos do processo de insolvência, cuja principal fonte é o estigma associado a uma empresa que vai ser liquidada. Promovendo os deveres entre credores, a recuperabilidade económica da empresa passa a ser um critério base para a aprovação de planos de recuperação, evitando-se o preconceito da liquidação[164].

3.3. *Shift of fiduciary duties* em Portugal?

Pretendemos sufragar a ideia, comummente negada, de que não existe nenhuma característica especial da insolvência que implique a construção de novos e separados deveres que vinculem os administradores, sócios e credores entre si[165]. Não há, portanto, qualquer *shift* dos deveres presentes durante a solvência da sociedade quando esta entra em insolvência. Vamos fundamentar, então, que as conclusões a que chegámos se aplicam, na sua máxima dimensão, também durante – e depois – do processo. Por outras palavras, os deveres que já exis-

---

[163] Cf. CHRISTIAN HERWEG, *Das Obstruktionsverbot...*, cit., pp. 41 e 51.

[164] O autor que mais acentua os custos diretos e indiretos no processo de insolvência é HORST EIDENMÜLLER, *Unternehmenssanierung* cit., p. 121, concluindo, por final, que o iniciar do processo de insolvência, ainda associado a uma insolvência-liquidação, é o que gera mais custos indiretos de insolvência, embora se deva reconhecer que o próprio processo também reduz custos, como o controlo externo que fomenta a confiança entre credores ou a redução de custos de transação (pp. 74-96).

[165] Esta é a conclusão final de CAMPBELL/FROST, "Managers cit., p. 45.

tiam na situação anterior à insolvência são os mesmos que existem posteriormente à ocorrência desta.

Em primeiro lugar, os deveres dos administradores perante a sociedade em si mantêm-se, claramente funcionalizados à tutela dos sócios e dos credores, o que nada muda face à situação antecedente.

Depois, se na situação de insolvência já não era fácil a identificação de deveres dos administradores diretamente perante os sócios, tal não constitui, também na fase da insolvência, real obstáculo à tutela dos sócios, já que os administradores sempre estão vinculados a promover, nos termos apontados, a melhor solução para a sociedade (liquidação/recuperação, com preferência para esta), beneficiando indiretamente os sócios.

No que respeita, por seu lado, à existência no processo de insolvência de deveres dos administradores perante os credores, já vimos que, em rigor, essa não é verdadeira especificidade do processo de insolvência, atenta a interpretação que fazemos dos deveres dos administradores consagrados no artigo 64º, de tal maneira que não é possível falar numa deslocação ou *shift* dos deveres fiduciários dos administradores na situação de insolvência.

Para aqueles que partam de um diferente pressuposto, *i.e.*, da inexistência de deveres perante os credores, o *shift* dos deveres, que beneficiariam apenas os sócios e que agora seriam redirecionados para os credores, poderia justificar-se por, a partir do momento em que a sociedade entra em situação de insolvência, os seus administradores estarem a "jogar com o dinheiro dos credores", para utilizar a expressão da sentença do caso *Hechinger Investment Company of Delaware v. Fleet Retail Finance Group et al.*[166]. É esta evidência que fundamentaria

---

[166] *Hechinger Investment Company of Delaware v. Fleet Retail Finance Group et al.*, 274 B.R. 71, 89 (D. Del. 2002). Esta é, porém, uma sentença que lança alguma confusão na exata definição dos deveres que vinculam os administradores, uma vez que começa por afirmar a existência de deveres fiduciários dos administradores em benefício dos credores, acabando por afirmar esses deveres a favor de múltiplos interessados. Contraditoriamente, conclui que o dever de boa fé dos administradores não é dirigido diretamente aos credores, mas sim à "comunidade de interesses". Fica a questão: quem se deve considerar englobado nessa "comunidade" de interessados? Em sentido crítico a esta sentença, cf. CAMPBELL/FROST, "Managers cit., p. 14, nota 47.

um *shift of fiduciary duties*, a ponto de se falar mesmo, por vezes, num *dramatic shift*[167].

Admitindo a alteração dos beneficiários dos deveres dos administradores, restaria saber em que termos se concretiza essa alteração, ou seja, qual o verdadeiro significado do *shift of fiduciary duties*. Em tese, três opções poderiam ser ponderadas, sendo que cada hipótese representa um diferente grau de vinculação dos administradores aos deveres de boa fé.

A primeira interpretação – aquela que garante uma tutela máxima dos credores – implicaria colocar os credores na posição dos sócios, passando os primeiros a ser os beneficiários dos deveres gerais que vinculam os administradores. Nesta interpretação, os administradores da insolvência seriam obrigados a maximizar o valor do direito de crédito.

De acordo com uma interpretação "semi-forte" os administradores ficariam vinculados perante os credores e os sócios, globalmente considerados. Nem se argumente que em semelhante hipótese se estaria a impor ao administrador a conciliação de interesses contrapostos: esta seria situação análoga aos deveres que se constituem perante os sócios maioritários e minoritários, que podem, em vários momentos, não coincidir.

Por fim, a versão mais fraca da conceção dos deveres perante os credores implicaria defender que os administradores mantêm, primariamente, deveres perante os sócios, ficando, apenas, inibidos, de forma reflexa, de tomar decisões que impliquem um prejuízo para os credores.

As três conceções assentam, porém, na ideia de uma mudança dos deveres dos administradores, que, na nossa visão, não ocorre: os deveres anteriores mantêm-se, ainda que as suas exigências concretas evidentemente se modifiquem. O mesmo vale em relação aos sócios, cujos deveres de lealdade têm sido apontados pela doutrina e jurisprudência mesmo fora da insolvência, ainda que seja nesta que maior relevo assumem. Lembre-se, a propósito, que, na Alemanha,

---

[167] Na expressão de CAMPBELL/FROST, "Managers cit., p. 13.

principal local de desenvolvimento da problemática, o BGH já enfatizou os deveres de lealdade que recaem sobre os sócios de uma empresa insolvente ou na zona de insolvência, no caso *Girmes*[168], e, mais recentemente, na sentença *Sanieren oder Ausscheiden*[169]. A importância destes casos é clara: está em causa impedir que os sócios bloqueiem planos de recuperação economicamente viáveis[170]. Também aqui se trata, porém, de deveres preexistentes que ganham renovada visibilidade na situação de insolvência.

Verdadeira novidade tem sim, no processo de insolvência, o reconhecimento de deveres que vinculam os credores entre si, nos termos que cabe agora analisar.

3.4. Deveres que vinculam os credores da insolvência entre si

Fora da situação de insolvência, não é possível reconhecer deveres especiais entre os diversos credores de um mesmo devedor. Tudo o que existe é, como já escrevemos, um dever geral de respeito pelo crédito alheio, que de maneira alguma se confunde com um dever de lealdade ou outro dever específico, que extravase a vinculação de todos (*Jedermannhaftung*).

Claro que cada credor tem, individualmente, deveres de cooperação face ao devedor[171], o que, logicamente, fará com que, indiretamente, os credores também estejam vinculados a deveres de cooperação entre si. Segundo autores como HERWEG[172], estes deveres serão até fundamento legal e sistemático suficiente para justificar a proibição de obstrução. Mas, na verdade, fora da insolvência, tudo o que é possível dizer é que os credores podem tirar proveito por via indireta dos deveres de lealdade dos restantes credores perante o devedor (cuja base, entre nós, é o art. 762º CC): nunca afirmar deveres diretos dos credores entre si. Na hipótese de insolvência, veremos, porém, que a situação se altera.

---

[168] BGH 20 mar. 1995; BGHZ 129, 132, 142 ss.
[169] BGH 19 out. 2009; NZG 2009, 1347.
[170] VERSE, *Anteilseigner* cit., pp. 303-305.
[171] Estes deveres resultam, genericamente, dos deveres acessórios.
[172] *Das Obstruktionsverbot* cit., p. 51.

A existência de deveres fiduciários entre os credores não é comummente aceite[173], tendo sido, aliás, expressamente negada em decisões jurisprudenciais nos Estados Unidos[174], considerando ainda alguns autores que a única garantia do devedor, dos acionistas ou dos credores de que estes sujeitos não atuarão de forma que desvalorize a empresa insolvente será a "identidade de interesses" entre credores[175], que tenderão, por esse motivo, a concertar atuações. No entanto, a possibilidade de os credores assumirem posições de bloqueio, nomeadamente na deliberação de aprovação do plano de insolvência, tem sido abundantemente notada pela doutrina [176] e não tem passado despercebida nos tribunais. A jurisprudência norte-americana mais recente tem sublinhado a existência de deveres entre os credores da insolvência, partindo da ideia de que, quando uma empresa está solvente, os administradores têm, perante a sociedade e os acionistas, deveres de boa fé, os quais, no momento em que a empresa entra em situação de insolvência, devem ser revertidos de forma a que se convertam em garantia de que os credores estão, também, vinculados entre si[177]. Até já se afirmou, em 2008, ainda que de forma implícita, que os credores também terão deveres fiduciários entre si quando a

---

[173] Pelo contrário, o dever geral de lealdade que vincula o administrador da insolvência e proscreve que este prossiga interesses pessoais ou de terceiros, em detrimento dos interesses da massa, tem sido genericamente aceite. Cf. CARNEIRO DA FRADA, "A responsabilidade cit., p. 680.

[174] Este entendimento foi sufragado, *v.g.*, na decisão *In re* W.T. Grant Co., 699, F. 2d 599 (2d Cir. 1983).

[175] Cf. THOMAS J. SALERNO/JORDAN A. KROOP, *Bankruptcy litigation and practice: a practitioner's guide*, 4.ª ed., s/l, 2008, p. 130.

[176] Cf., *v.g.*, GEORG BITTER, "Sanierung in der Insolvenz – Der Beitrag von Treue- und Aufopferungspflichten Sanierungserfolg", *ZGR*, 2010, pp. 147-200; CHRISTIAN HERWEG, *Das Obstruktionsverbot cit.*, pp. 30 ss. salienta a possibilidade de os credores assumirem posições de bloqueio ao plano de insolvência por via de uma hábil formação dos grupos de credores (§ 222 InsO). Depois da entrada em vigor da ESUG, que concede que os sócios e acionistas do devedor participem na elaboração do plano, formando um grupo autónomo (§ 222, (1), nº 4 InsO), as considerações tecidas pelo autor a propósito dos credores deverão ser estendidas a todas as partes no processo de insolvência.

[177] Cf., neste sentido a sentença *In re Toy King Distributors, Inc.*, 256 B.R. 1 (Bankr. M.D. Fla. 2000).

sociedade estiver na *"zone of insolvency"* ou na *"vicinity of insolvency"*[178]. As decisões dos tribunais têm sido, no entanto, inconstantes.

A identificação dos deveres que se estabelecem entre os credores da insolvência colocou-se com especial visibilidade no caso *Washington Mutual, Inc.*, julgado pelo tribunal federal da insolvência[179], que salientou a posição fiduciária dos credores entre si[180]. A possibilidade de existência de deveres de lealdade entre credores não deve surpreender, já que, na realidade, a lealdade é multipolar, podendo ser orientadora de condutas da sociedade, dos sócios ou dos administradores[181], não havendo motivo para que não seja estendida para campos ainda por estudar como a relação entre os credores. Questão é saber se existe fundamento para isso.

Julgamos que a resposta é afirmativa e que, esta sim, representa a grande diferença ao nível dos deveres dos participantes no processo de insolvência face à situação que antecede o mesmo. A posição que assumimos pode ser melhor compreendida de forma sistemática:

(i) Está hoje assente na doutrina[182] que os deveres de lealdade devem ser encarados numa perspetiva material e não formal, i.e., que atenda aos interesses realmente afetados e não aos vínculos formais que intercedam entre os sujeitos. Os deveres de lealdade constituem, como tem sido dito, forma de solução ou, pelo menos, de gestão dos conflitos de interesses, permitindo dizer que interesse, em cada momento, merece prevalência. Por esse motivo, é irrelevante a existência de uma relação contratual ou outra relação obrigacional *formalmente* reconhecida entre os credores.

(ii) Partimos, pois, da doutrina que faz assentar o reconhecimento dos deveres de lealdade em dois fatores: por um lado, o poder de

---

[178] Cf. *In re Security Asset Capital Corporation*, 2008, (Bankr. D. Minn. Nov. 5, 2008).

[179] Cf. *Washington Mutual, Inc.*, 08-12229 (MFW), 2011, WL 4090757 (Bankr. D. Del. 2011)

[180] Cf. SANDRELLI, *"Insider trading* nel contesto di ristrutturazioni societarie: la pronuncia di un tribunale fallimentare americano", *Rivista delle società,* ano 56, noviembre--dicembre 2011, 6, pp. 1347-1350, que considera que a afirmação dos deveres fiduciários entre credores foi o aspeto mais inovador da sentença.

[181] Cf. NUNO REIS, "Os deveres, cit., p. 280.

[182] Cf., por todos, ANA PERESTRELO DE OLIVEIRA, *Grupos* cit., *passim.*

influência ou de ingerência nos interesses alheios (mais até do que na identificação de uma relação de confiança real entre os sujeitos); por outro, a existência de uma "ligação especial" (*Sonderverbindung*) entre os sujeitos[183].

(iii) Por um lado, como a doutrina tem apontado, "não há poder sem responsabilidade" (*keine Herrschung ohne Haftung*), de tal maneira que sempre que um determinado sujeito se encontra numa situação tal que dispõe de um poder de condicionar os interesses alheios, podendo prejudicá-los, deve exercer esse poder com respeito por esses interesses[184]. É o que sucede no processo de insolvência, em que a conduta dos participantes pode condicionar a satisfação dos interesses dos restantes, sendo certo que este poder de influência extravasa em muito o impacto geral que a conduta de um credor pode ter na posição dos outros e, portanto, ultrapassa claramente o âmbito dos deveres gerais de respeito.

(iv) Na verdade, o processo de insolvência faz nascer entre os credores a referida "ligação especial" (*Sonderverbindung*). Esta é que constitui verdadeiramente o critério da imposição de deveres de lealdade entre os sujeitos, já que o princípio da correlação poder-responsabilidade, apesar de importante, tem alcance excessivamente genérico. Esta "conexão especial" corresponde a um "relacionamento específico" e serve como "padrão qualificado de conduta"[185]. A integração dos vários credores da insolvência num mesmo processo e a sua potencial participação conjunta num plano de insolvência são quanto basta para identificar esse vínculo específico, que explica o "poder de ingerência" qualificado e que determina deveres de conduta qualificados, *maxime* de lealdade. Repare-se que a conclusão nem depende do que se diga quanto à natureza jurídica do plano, uma vez que referimos já que os deveres de lealdade não se atêm a questões formais ou de qualificação, como é aqui o caso[186].

---

[183] Assim, ANA PERESTRELO DE OLIVEIRA, *Grupos* cit., 236.
[184] *Idem*.
[185] ANA PERESTRELO DE OLIVEIRA, *Grupos* cit., 236.
[186] MADAUS, *Der Insolvenzplan* cit., *passim*, é, talvez, o autor que mais desenvolvimento confere ao problema da natureza jurídica do plano de insolvência, qualificando-o como contrato de direito civil entre os credores da insolvência e os devedores. Esta natureza

jurídica corresponde à sua função de instrumento de gestão de negócios: não é mais do que uma continuação das negociações para reestruturar a empresa, com a ajuda de instrumentos legais que evitam, por exemplo, o bloqueio das negociações (*Obstrukionsverbot*). A sua natureza de contrato apenas se encontraria "disfarçada" com algumas particularidades de regime. A situação especial de insolvência exige uma regulamentação rápida e eficaz do processo de reestruturação. Daí a regulação judicial da formação do plano de insolvência. O facto de haver regras legais que regulam a formação do plano não joga, como aponta, com razão, o autor, contra a afirmação do plano como um contrato de direito civil. Estas regras garantem que o contrato foi validamente formado, o que é essencial para a segurança dos operadores económicos no processo de reestruturação. Havendo certeza de que este contrato foi validamente celebrado, então, haverá certeza quanto à possibilidade da sua aplicação coerciva, o que aumenta a confiança e, consequentemente, as hipóteses de sucesso da reestruturação. Por isso é que mesmo um plano de insolvência aprovado por unanimidade tem de ser homologado pelo juiz. MADAUS aponta também que o plano de insolvência é um contrato "ditado" no seu sentido. Se o plano de insolvência não foi votado positivamente por todos os participantes, então isso significa que a homologação judicial do plano tem ainda uma outra função. Tem a função de controlar a formação de vontade dos credores. Por exemplo, é possível que um credor tenha votado desfavoravelmente, sendo pressionado para tal, e esteja apenas a mediar a vontade de outra pessoa. Pode acontecer que um credor, por estar inserido num grupo de credores que vai votar positivamente seja coagido a votar no mesmo sentido. Ora, os princípios gerais quanto a vícios da vontade na formação do contrato também encontrarão aqui aplicabilidade. O facto de o plano estar integrado num processo judicial de insolvência em nada obsta à sua natureza de contrato. Pelo contrário, as disposições que regulam a atuação do tribunal devem ser interpretadas tendo em conta os princípios contratuais. Isto porque se parte do regime para a qualificação, caso contrário incorreríamos numa inversão metodológica. Ora, temos de ver qual a forma mais adequada de interpretar a proibição de obstrução. Se é mais adequado conjugá-la com as disposições que se aplicam à formação da vontade no contrato, então a sua qualificação será feita de acordo com esta ideia. Note-se, também acompanhando MADAUS, que o tribunal não influencia a formação do plano e é obrigado a homologá-lo se não existirem motivos para a sua recusa. Não tem, na verdade, margem de discricionariedade na decisão de homologação, nem pode alterar o plano que foi aprovado. O estatuto legal dos participantes neste procedimento resulta do plano convencionado e não de qualquer decisão judicial. Mesmo em relação aos participantes que tinham "obstruído" o plano, o seu estatuto resulta de uma ficção legal de vontade e não no julgamento discricionário do tribunal. Assim, o plano de insolvência não pode ser um negócio processual, porque não implica uma formação de vontade pelo julgador. Aliás, a homologação do plano de insolvência não tem as consequências processuais de uma sentença judicial, não constituindo sequer título executivo. Chega-

Podemos, pois, concluir pela existência de deveres de lealdade entre os credores da insolvência. Estamos, assim, em condições de prosseguir na análise e de a estender a alguns aspetos de cariz mais concreto, que constituem objeto do capítulo III.

-se, portanto, à conclusão de que nos deparamos com um negócio jurídico de direito civil. Não se trata, porém, de qualquer negócio típico previamente conhecido, até porque o seu conteúdo pode variar acentuadamente, razão pela qual, de resto, nenhuma utilidade teria uma qualificação generalizadora. Basta, por isso, afirmar, como, por exemplo, CATARINA SERRA, *O novo* cit., p. 128, que estamos face a uma convenção ou negocio jurídico próprio do direito da insolvência, ao qual o legislador atribui uma força jurídica especial de afetação dos direitos. Sobre a natureza jurídica dos convénios falimentares entre nós, cf., também, GISELA TEIXEIRA JORGE FONSECA, "A natureza jurídica do plano de insolvência", *Direito da insolvência. Estudos*, coord. RUI PINTO, pp. 65-129 (79 e ss.).

Capítulo III
Os deveres entre credores na solução de problemas concretos no processo de insolvência. O exercício do direito de voto em especial

1. Introdução

Aqui chegados concluímos que os credores não podem estar em conflito no processo, encontrando-se, antes, vinculados entre si por deveres que previnem o estado de *"bellum omnium contra omnes"* [187], que poderá resultar, *v.g.*, de abusos no direito de voto, que levem à aprovação de planos inexequíveis. Embora outras situações de potenciais abusos possam surgir no direito da insolvência é sobre a questão específica do voto que nos debruçamos neste último capítulo da

---

[187] Cf. WOLFGANG BREUER, *em Münchener Kommentar* cit., pp. 1903- 1905 (1903), § 226. O autor utiliza, em latim, a conhecida frase de HOBBES, "a guerra de todos contra todos", que existiria caso não exista contrato social. É curioso notar que as ideias do autor podem ser moldadas ao assunto que estudamos: uma situação de conflito pode surgir de três formas diferentes, escreve Hobbes, competição, falta de confiança, ou procura de reputação. Só o primeira nos interessa, para o que tratamos: competição desleal entre credores terá sempre de ser evitada, sob pena de conflito. Cf. THOMAS HOBBES, *Leviathan or the matter, form, and power of a common-wealth ecclesisticall and civill*, pp. 77 e 79 disponível em inglês moderno em http://socserv.mcmaster.ca/econ/ugcm/3ll3/hobbes/Leviathan.pdf.

nossa investigação. A importância que assume a votação da assembleia de credores, por ser o momento chave da aprovação do plano que poderá revolucionar a empresa insolvente ou ditar a sua morte económica, torna a definição dos limites do direito de voto da maior premência. Para determinar a sua exata medida e como se poderão tornar visíveis os abusos de alguns credores perante os outros participantes no processo ou outras entidades afetadas pelo plano, analisaremos duas situações espelho: a rejeição e a aprovação do plano em que sejam detetadas irregularidades ou abusos na votação.

2. A base da questão: nulidade dos acordos de voto. Insuficiência da redação do art. 194º CIRE.

A questão que aqui colocamos tem necessariamente de partir da análise da norma do art. 194º, que comina com a nulidade determinados acordos de voto. A aparente simplicidade da solução, esconde a imperfeição da sua redação e os escassos casos de votações em conflito de interesse que tem aptidão para englobar. Muitas situações ficam por resolver. Lá chegaremos. Por agora, analisemos a norma. O art. 194º identifica como padrão de conduta o princípio da igualdade entre credores da insolvência "sem prejuízo das diferenciações justificadas por razões objetivas". A parte final da disposição, naturalmente desnecessária face ao assento constitucional do princípio (art. 13º CRP e às interpretações que têm dele sido feitas), deixa antever uma excessiva preocupação do legislador com a forma e reduzida atenção ao seu significado. Este é, evidentemente, um pormenor sem consequências práticas, mas não deixa de ser notável que o legislador, que, no CIRE, normalmente peca por defeito, aqui opte por explicar um princípio já tão amplamente estudado e consolidado[188]. Não é a função da lei explicar princípios ao intérprete aplicador. Porém, como o direito visa solucionar problemas concretos, dependentes sempre de factores múltiplos, como as leis e as relações que entre elas se estabelecem, o desfecho de um problema não depende nunca da letra de qualquer código. Diríamos, com MENEZES COR-

---

[188] Aliás, o art. 194º CIRE é uma cópia muito imperfeita do § 226 *InsO*, norma em que o legislador – e bem – simplificou a questão, não invocando a medida da diferença.

DEIRO, que se torna difícil "perante qualquer 'lei' civil retirar dela um sentido imediatamente útil"[189]. Tanto mais será assim quando nos deparamos com o art. 194º/3, resultante de uma cópia imperfeita do § 226, (3), *InsO*[190], que conclui pela nulidade dos acordos de voto em que se "confira vantagens a um *credor* não incluídas no processo de insolvência" (itálico nosso). Resta apurar se a nulidade dos acordos de voto acarreta a nulidade desses votos ou se, pelo contrário, os votos comprados devem ser considerados ineficazes ou padecem de qualquer outro vício.

Sempre poderíamos defender, adaptando a construção de alguns autores alemães[191], que, apesar de a norma do art. 194º/3 CIRE considerar nula a compra de voto (à semelhança do § 226, (3) *InsO*), esta seria, antes, ineficaz. O fundamento encontrar-se-ia na desnecessidade da norma do nº 3, que deveria, *de jure condendo*, ser absorvida pelo art. 194º/2 CIRE, que consagra uma "cláusula de salvaguarda"[192], *i.e.*, poderá haver tratamento desfavorável de um ou mais credores, desde que haja consentimento dos afetados. Acompanhando esta lógica, não existindo acordo dos credores afetados, não deveria o plano ser homologado, por via oficiosa (violação não negligenciável de regras procedimentais (art. 215º CIRE)) ou a solicitação dos interessados (art. 226º, nº 1 , al a)). Assim se resolveria a questão com aparente facilidade. Não negamos que esta seja uma construção de grande interesse, mas não merece concordância. Averiguar a existência de consentimento dos credores afetados e a regularidade da formação da sua vontade introduz no processo de insolvência, que se pretende altamente desjudicializado, um encargo adicional para o juiz, certamente desnecessário. É verdade que a construção que aqui empreen-

---

[189] Cf. MENEZES CORDEIRO, *Tratado cit.*, I, 4.ª ed. (reformulada e atualizada), Coimbra, 2012, p. 84.
[190] Regra que manteve a continuidade com § 181, satz 3 KO. Cf. HARALD HESS/BIRGER KROPSHOFER, *Kommentar zur Konkursordnung*, 2.ª ed., Luchterhand, 1985, § 181, pp. 450-455 (p. 454), invocando como base da nulidade o § 134 BGB.
[191] Cf, *v.g.*, ROLF RATTUNDE, *em* LEONHARDT/SMID/ZEUNER (orgs.), *Kommentare – Insolvenzordnung (InsO)*, 3.ª ed., Stuttgart, 2010, § 226, pp. 1692-1696 (1694, 1969).
[192] Unanimamente apelidada pela doutrina alemã como "Salvatorische Klauseln", perante norma similar.

demos tem como substrato a ideia de lógica material, *i.e.*, da eficácia criadora ou constitutiva do pensamento jurídico[193], mas não vai tão longe que se considere que o direito da insolvência tem de ser criado de novo. Há que aproveitar os instrumentos jurídicos de que já podemos beneficiar.

A *ratio* da proibição de compra de votos é o perigo que daí decorre de não haver correspondência entre o risco e a detenção do capital[194]. Ora, outros casos para lá dos mencionados no art. 194º criam esta dissociação, pelo que devem também ser estudados neste âmbito. Como situação típica abrangida por este artigo, imaginemos o caso em que um fornecedor da empresa insolvente se dirige a um credor com considerável poder no processo de insolvência e, a troco do um voto positivo para que a empresa continue em funcionamento, lhe oferece 20% de todos os lucros que conseguir obter com o fornecimento a essa empresa[195]. Porém, o CIRE deixa em aberto as consequências que pode acarretar para a deliberação a existência de acordos de voto nulos e qual deve ser a atuação do juiz perante eles. É questão que nos propomos resolver, em paralelo com outras hipóteses de votação da assembleia de credores em conflito de deveres, que não estão abrangidas pela letra do art. 194º CIRE.

3. Outras situações problemáticas

3.1. O voto dos credores concorrentes

Em diversos outras cenários não existem acordos de voto, mas, ainda assim, o voto de um determinado credor é exercido em conflito de

---

[193] Para um resumo da ideia de lógica material, cf. BAPTISTA MACHADO, prefácio do tradutor, *em* KARL ENGISH, *Introdução ao pensamento jurídico* (trad. port. da 3.ª ed. alemã de 1964), 3.ª ed., Lisboa, 1965, pp. IX ss.

[194] Cf. MENEZES CORDEIRO, *Direito* cit., p. 709. No direito das sociedades comerciais, a propósito do art. 17º/3, *al. c)*, CSC o autor aponta, ainda, o risco de se abrir a porta a graves atentados à garantia do interesse comum dos sócios. No âmbito em que nos situamos, diríamos que a admissibilidade da compra de votos no processo de insolvência levaria, também, a prejudicar o interesse comum, aqui tomado enquanto a soma dos interesses dos credores, que pretendem ver os seus créditos satisfeitos e do próprio devedor insolvente, que pretende a sua recuperação.

[195] O exemplo é de SCHULZ, *Treuepflichten* cit., p. 7.

interesses. Consideremos a hipótese de, entre os credores da empresa insolvente, figurar um seu concorrente, que toma conhecimento de que está em curso uma injeção de dinheiro de outra empresa europeia para que a recuperação tenha sucesso. O credor concorrente, temendo que aquela, não só consiga recuperar, como ainda consiga uma integração no mercado europeu, que signifique um fortalecimento desse concorrente, espalha rumores sobre essa empresa[196], de modo a afastar o investidor. Esta será uma situação em que não existe qualquer tipo de compra de voto, mas que, não obstante, proporciona que um credor vote abusivamente. Outros cenários similares poderão ser ponderados.

3.2. Destaque entre crédito e interesse económico: consequências a nível de governo da dívida

Outra situação problemática que não encontra solução expressa na lei é aquela em que existe um destaque entre o direito de crédito e o interesse económico associado à sua satisfação. São casos em que o credor que vota o plano de insolvência não tem interesse económico – ou tem, até, um interesse negativo – na aprovação do plano mais eficiente para a empresa insolvente. Admitimos que este é um quadro limite, mas cuja existência não pode ser ignorada e que deverá merecer especial atenção em casos de insolvência de grandes empresas. Se é verdade que a titularidade de um direito de crédito está tipicamente associada a um conjunto de direitos económicos (cumprimento da obrigação principal e pagamento de juros), de direitos de controlo (*v.g.*, alterar os termos do contrato) e outros direitos legais, onde se inclui o direito básico de participar no processo de insolvência, nem sempre se verifica esta perfeita conjugação. O direito falimentar – tanto o português como o de outros ordenamentos jurídicos – assenta na ideia de que estes direitos estão sempre associados a um crédito e que, consequentemente, os credores estarão sempre interessados em manter a solvência da empresa devedora e em maximizar o seu valor ou que, no processo de insolvência, os credores pre-

---

[196] Haverá aqui crime de manipulação de mercado, punido nos termos do art. 379º CVM.

tendem aprovar o plano que mais valorize a empresa. Esta premissa – válida para os casos típicos – não é absoluta: o destaque entre direito de crédito e interesse económico é uma realidade difundida, ainda que pouco transparente[197]. A dissociação de direitos do lado do crédito[198] e o seu impacto a nível do governo da dívida permanecem numa área ainda por desenvolver e que deve ser objeto de estudo no âmbito em que nos situamos.

3.2.1. Derivados de crédito simples e sintéticos.

Os derivados[199] de crédito (art. 2º/1, *al. c*), CVM) são instrumentos financeiros que permitem ao credor (comprador de proteção) controlar a sua exposição ao risco de crédito[200]. Para tal, deverá pagar um prémio a uma entidade vendedora de proteção, que, em contrapartida, assegura que, em caso de ocorrência do evento de crédito contratualmente acordado, *v.g.*, a insolvência do devedor[201], cobrirá os

---

[197] Cf. HENRY HU/BERNARD BLACK, "Debt, equity, and hybrid decoupling: governance and systemic risk implications", *European Financial Management Journal*, Vol. 14, 2008, disponível em http://ssrn.com/abstract=1084075.

[198] Sobre o destaque de direitos económicos e direito de voto e suas implicações práticas, cf. ANA PERESTRELO DE OLIVEIRA/MADALENA PERESTRELO DE OLIVEIRA, "Derivados financeiros e governo societário: a propósito da nova regulação mobiliária europeia e da consulta pública da *ESMA* sobre *empty voting*", *RDS*, IV, 2012, 1, pp. 49-109.

[199] A designação como "derivados" resulta de serem contratos a prazo celebrados por referência a um ativo subjacente (*v.g.*, valores mobiliários, instrumentos monetários, taxas de juro, divisas ou índices financeiros). São, portanto, instrumentos de segundo grau, que se encontram previstos no art. 2º/1, *c*) a *f*). Cf. ENGRÁCIA ANTUNES, *Os instrumentos financeiros*, Coimbra, 2009, pp. 119 ss.

[200] Sobre estes instrumentos cf. ENGRÁCIA ANTUNES, *Os instrumentos* cit., pp. 174 ss; "Os derivados", *Cadernos do mercado de valores mobiliários*, 30, 2008, pp. 91-136; SOFIA LEITE BORGES/SOFIA TORRES MAGALHÃES, "Derivados de crédito – Algumas notas sobre o regime dos valores mobiliários condicionados por eventos de crédito", *Cadernos do mercado de valores mobiliários*, 15, 2002, pp. 115-146 (117). O risco de crédito assume duas vertentes: por um lado, o risco de a situação do devedor se alterar para pior e, por outro, o risco de o mercado evoluir desfavoravelmente e a qualidade do crédito se deteriorar, perdendo parte do seu valor, *i.e.*, o risco de mercado.

[201] O evento de crédito deverá ser contratualmente acordado, sendo os eventos de crédito mais típicos o incumprimento pelo devedor ou a declaração de insolvência deste.

prejuízos que o credor teria em circunstâncias normais. As entidades vendedoras de proteção apostam, com isto, na solvência do devedor, acreditando que irão receber um prémio por cobrirem o risco de crédito, sem que, no entanto, tenham de liquidar a operação[202]. São estas características que os transformam num modo fácil de promover a especulação (*trading*)[203]. Os contratos podem ser celebrados a descoberto (*naked derivatives*), independentemente de o comprador de proteção ser detentor dos ativos subjacentes[204], jogando na antecipação do sentido de evolução desses ativos. Um comprador de proteção terá interesse na insolvência do devedor de referência, enquanto o vendedor de proteção aposta no sentido contrário, de solvência do devedor. Este jogo só é possível porque estes são instrumentos abs-

---

Para o elenco de outros eventos de crédito que também poderão resultar destes instrumentos, cf. LEITE BORGES/TORRES MAGALHÃES, "Derivados, cit., p. 118.

[202] A liquidação extingue o derivado e poderá ser física ou financeira. Ou seja, na data do vencimento, se tiver sido acordada uma liquidação física (*physical settlement*), deverá ser entregue o ativo subjacente pelo seu valor nominal. Se a liquidação for financeira (*cash settlement*) o vendedor de proteção terá de entregar ao comprador a diferença entre o *strike price* e o *spot price*, ou seja, a diferença entre o valor do ativo no momento da celebração do contrato e no momento do seu vencimento. Pode haver uma liquidação diária não extintiva, caso se trate de derivados de mercado organizado. É o sistema "*mark-to-market*" previsto no art. 259º/1, c), do CVM e no art. 14º do Regulamento da CMVM nº 5/2007, de 5 de novembro. Trata-se de um mecanismo de salvaguarda do sistema que assegura o pagamento diário do saldo dos ganhos e prejuízos dos investidores verificados por referência à cotação diária do derivado (*margins calls*). São repetições diárias da operação de liquidação a realizar no termo do contrato. A definição é de ENGRÁCIA ANTUNES, *Os instrumentos*, cit., p. 150, nota 313.

[203] É certo que os derivados assumem, primacialmente, uma função de cobertura dos riscos inerentes à atividade económica (*hedging*), mas têm também finalidades especulativas, como resulta do que é dito em texto, e, ainda, de arbitragem, *i.e.*, permitem que o investidor lucre com as imperfeições dos mercados dos ativos de referência. Podem produzir um efeito de alavancagem financeira, que permite, através da mobilização de escassos meios financeiros próprios, que o investidor participe mais do que proporcionalmente nas variações de valor do ativo subjacente. Cf. ENGRÁCIA ANTUNES, *Os instrumentos*, cit., pp. 123 ss.

[204] *I.e.*, sem que o comprador de proteção detenha um crédito sobre a entidade emitente., o devedor de referência.

tratos[205]: depois da celebração tornam-se independentes do ativo subjacente que duplicam – e do qual dependem economicamente.

Os derivados de crédito podem ser simples ou sintéticos, consoante os fluxos de pagamentos dependam apenas do evento de crédito ou, também, da evolução do valor da obrigação subjacente. São modalidades de derivados simples os CDS – *credit default swaps* ou *swaps* de risco de crédito – em que o vendedor de proteção se obriga perante o comprador a efetuar o pagamento de um montante pecuniário em caso de verificação do evento de crédito, recebendo, em contrapartida, um prémio ou *spread*, periódico, calculado sobre o valor nominal da proteção. Entre os derivados simples encontram-se ainda as *credit default options*: verificado o evento de crédito o comprador de proteção fica investido no direito potestativo de concluir um contrato sobre o ativo subjacente por preço e prazo determinados, como contrapartida do pagamento de um prémio ao vendedor de proteção[206]. Já os instrumentos derivados sintéticos podem assumir a modalidade de *credit spread derivatives*, que permitem mitigar o risco de degradação da obrigação subjacente, e os *total rate of return swaps* ("*tror swaps*"), em que o comprador de proteção paga ao vendedor de proteção um montante periódico que consiste numa taxa de referência (LIBOR ou EURIBOR) acrescida de um *spread*, em contrapartida do pagamento de todos os fluxos financeiros associados a um ativo subjacente. O pagador terá ainda de entregar a diferença entre o valor do ativo no momento da celebração do contrato na

---

[205] E, por isso, dotados de "total impermeabilidade jurídica", para utilizar a expressão de ENGRÁCIA ANTUNES, *Os instrumentos*, cit., p. 137. A abstração surge como contraponto do princípio da causalidade, segundo o qual as obrigações só existem e subsistem quando são acompanhadas pela sua fonte ou causa. Em prol da firmeza e previsibilidade das obrigações, este é o princípio dominante no nosso ordenamento jurídico (ao contrário do que acontece na Alemanha), mas, ainda assim, em áreas sensíveis, como os títulos de crédito e os valores mobiliários opera a abstração. Cf. MENEZES CORDEIRO, *Tratado* cit., II, tomo I, Coimbra, 2009, pp. 68-70. A abstração dos derivados de crédito é absoluta e pura: os direitos e obrigações deles emergentes tornam-se imunes às vicissitudes jurídicas do ativo subjacente.

[206] Cf. ENGRÁCIA ANTUNES, *Os instrumentos*, cit., p. 180.

maturidade[207]. É uma figura materialmente equivalente a uma cessão da posição contratual[208]. Se não existissem estes instrumentos, a única forma de transferir o risco de incumprimento seria através dos instrumentos clássicos, como a cessão de créditos ou a sub-rogação, ou modernos, como a titularização de créditos. A importância destes derivados enquanto meio de salvaguarda das empresas face aos riscos

---

[207] Exitem, ainda, as *credit linked notes*, valores mobiliários condicionados por eventos de crédito ou, na terminologia proposta pela tradução oficial do art. 112º da Diretiva 2006/48/CE, títulos de dívida indexados a crédito que incorporam um direito de crédito com uma extensão ou subsistência condicionada por um evento de crédito. Cf. PAULO CÂMARA, *Manual de direito dos valores mobiliários*, 2.ª ed., Coimbra, 2011, pp. 181 ss. Grande importância, assumem, também, os CDOs (*collateralized debt obligations*), sejam *cash* CDOs ou CDOs sintéticos: no primeiro caso, o originador, *v.g.*, Banco, tem portfólio de ativos (créditos hipotecários, títulos de dívida, etc.), que vende ao SPV (*special purpose vehicle*, que pode ser um *trust*, uma sociedade ou outra entidade normalmente domiciliada num paraíso fiscal e regulatório) e assim elimina esses valores das suas contas, recebe os valores considerados e transfere o risco; o SPV, por seu lado, emite e vende títulos aos investidores (securitização), representativos de diferentes tranches (*senior, junior*); no segundo caso, em vez de vender os ativos que integram o portfólio compra proteção através de CDSs, mediante o pagamento de um prémio, o qual é depositado junto de um *trustee* para garantir a obrigação; o SPV emite títulos que são comprados pelos investidores (também depositados junto do *trustee* e que contribuem para a garantia). Em caso de incumprimento, primeiro é pago o Banco (comprador da proteção), depois a dívida *"senior"* e a dívida *"junior"*, estando, assim, os investidores expostos ao risco do incumprimento. Lembre-se, a título de exemplo das dificuldades criadas por estes instrumentos, o caso Goldman Sachs, em que esta instituição financeira, titular de uma carteira de ativos que incluía créditos hipotecários, para se proteger contra o risco de queda do mercado imobiliário, celebrou contratos de CDOs sintéticos. Criou para o efeito o Abacus (SPV), com quem celebrou CDSs, comprando proteção. O Abacus, em 2007, emitiu e vendeu títulos (AAA) aos investidores (IKB, ACA). Os ativos que integravam a carteira eram escolhidos por Paulson, diretor de um *hedge fund*, que identificou mais de 100 obrigações que iriam sofrer eventos de crédito. Paulson tinha interesses contrários aos dos investidores e sabia que estes iriam ter prejuízos. Nada foi divulgado aos investidores. Cf. ANA PERESTRELO DE OLIVEIRA/MADALENA PERESTRELO DE OLIVEIRA, "Derivados cit. Também o colapso da AIG foi causado em boa parte pelo seu portfólio de CDS. Cf., por todos, a este último propósito, WILLIAM K. SJOSTROM, "The AIG bailout", (1-Nov.-2009). *Washington and Lee Law Review*, Vol. 66 (2009), 943, disponível em http://ssrn.com/abstract=1346552.

[208] Sobre as figuras, cf. ENGRÁCIA ANTUNES, *Os instrumentos*, cit., pp. 179-181; LEITE BORGES/TORRES MAGALHÃES, "Derivados, cit., pp. 123 ss.

de mercado, de crédito, de regulação e outros análogos é reconhecida, mas as vantagens que levaram, inicialmente, a aceitar que os mesmos "contribuíram para o desenvolvimento de um sistema financeiro mais flexível, eficiente e resistente"[209] – sobretudo no que toca à afetação do risco, com aumento da liquidez dos bancos e consequente alargamento do crédito concedido – acabaram por ser suplantadas pelos efeitos nocivos que lhes são inerentes. São conhecidas as consequências de aumento da volatilidade e exacerbamento da reação dos mercados, de agravamento dos riscos de abuso, bem como o risco de incumprimento em caso de inflação das ações, se o número de ações transacionadas for superior às existentes no mercado[210]. Os perigos dos derivados de crédito explicam a aprovação do regulamento relativo a vendas a descoberto e a certos aspetos dos *swaps* de risco de incumprimento[211].

[209] Assim, ALAN GREENSPAN, em 2005, acabando, mais tarde, por reconhecer a existência de um défice intelectual no uso dos derivados de crédito que levou ao colapso do sistema financeiro. Ao contrário de HU /BLACK, "Debt cit.", pp. 18 ss. que referem apenas as gravosas consequências dos CDS, é importante não esquecer que estes instrumentos promovem a liquidez do mercado, como notam, *v.g.*, ANDRÁS DANIS, "Do empty creditors matter? Evidence from distressed Exchange offers", pp. 1-50 (36), disponível em http://ssrn.com (ainda que numa análise essencialmente económica) e PATRICK BOLTON/MARTIN OEHMKE, "Credit Default Swaps and the empty creditor problem", *The review of financial studies*, 2011, pp. 1-39 (19) disponível em http://ssrn.com.

[210] Sobre estes, cf. a entrevista de Pascoal Canfin, de 16 de novembro de 2011, na sequência da aprovação pelo Parlamento Europeu da Proposta de Regulamento sobre vendas a descobertos e *swaps* de risco de incumprimento, disponível em http://www.europarl.europa.eu/pt/headlines/content/20111107FCS30711/4/html/Entrevista-com-Pascal-Canfin-sobre-vendas-a-descoberto-e-swaps-de-risco-de-incumprimento. Cf. também RENÉ M. STULZ, "Credit default swaps and the credit crisis," *ECGI - Finance Working Paper No. 264/2009*, disponível em http://ssrn.com/abstract=1475323 ou http://dx.doi.org/10.2139/ssrn.1475323. Cf. ainda a síntese fornecida por FRANK PARTNOY/DAVID A. SKEEL JR., "The promise and perils of credits derivatives", University of Cincinnati Law Review, Vol. 75, 1019 (2007), disponível em http://ssrn.com/abstract=929747.

[211] Como a Comissão no seu comunicado de impressa, lembre-se Michel Barnier, comissário responsável pelo mercado interno e serviços, quando disse que "*nenhum mercado financeiro se pode dar ao luxo de continuar a funcionar como o faroeste. Os derivados OTC têm*

Para um maior controlo público destes instrumentos já se tentou equipará-los a um contrato de seguro. Quem primeiro deu nota da afinidade entre as duas figuras foi a *National Association of Insurance Comissioners* (NAIC), tendo, no entanto, recuado com esta posição depois de um *lobbying* intenso por parte da ISDA[212], já que a qualificação como contratos de seguro não seria isenta de consequências práticas: haveria uma imediata restrição do acesso aos derivados financeiros, pois em Portugal, como acontece noutros países, o exercício da atividade seguradora é limitado a entidades especificamente autorizadas para tal e elencadas no art. 7º do Decreto-Lei nº 94-B/98, de 17 de abril[213], o que permite garantir que o segurador estará em condições financeiras para cumprir os compromissos a que se vinculou. O contrato de seguro transfere o risco (de eventual verificação de um sinistro) que seria suportado por uma esfera jurídica para outra

---

um grande impacto na economia real, desde o preço das hipotecas ao preço dos produtos alimentares. A ausência de um enquadramento regulamentar para os derivados OTC contribuiu para a crise financeira e para as tremendas consequências com que todos nos estamos a confrontar. Hoje, propomos regras que trarão mais transparência e responsabilidade aos mercados de derivados. Assim, ficaremos a saber quem está a fazer o quê e quem deve quanto a quem e poderemos atuar para evitar que as dificuldades de uma instituição individual desestabilizem todo o sistema financeiro, como aconteceu com a falência do Lehman". Press release IP/10/1125, disponível em http://europa.eu/rapid/pressReleasesAction.do?reference=IP/10/1125. A importância de uma ação concertada dos vários Estados membros é apontada, tanto mais que o segmento dos derivados OTC opera com quase total desconsideração das fronteiras nacionais. De outra maneira, a eficácia das medidas ficará comprometida e criará dificuldades no mercado, nomeadamente influenciando a confiança dos investidores.

[212] Cf. RAGHAV SHARMA/SIDDHARTA SHUKLA, "Credit Default Swaps: gateway to a new world of opportunities and legal risks", *Company law journal*, vol. 3, 2008, pp. 12 ss., disponível em http://ssrn.com.

[213] Com as alterações subsequentes. A prática ilícita da atividade é punida com pena de prisão até três anos. Estas entidades deverão, ainda, estar legalmente autorizadas a exercer a atividade seguradora em Portugal, no ramo em que atuem (art. 16º/1 do Decreto-Lei nº 72/2008, de 16 de abril). A preocupação de ordem pública de garantia de que o segurador estará em condições financeiras para cumprir as suas obrigações leva a que se restrinja a atividade a entidades que cumpram requisitos de solvência exigentes e estejam sujeitas ao controlo de organismos públicos. Cf. EDUARDA RIBEIRO, em anotação ao art. 16º, *in* ROMANO MARTINEZ et alii, *Lei do contrato de seguro anotada*, Coimbra, 2009, p. 74.

entidade, mediante o pagamento de uma contrapartida (prémio)[214]. Constata-se que a função dos derivados de crédito – transferência de um risco para outra entidade – é a mesma que a de um contrato de seguro; porém, a existência de diferenças de regime permitiram que a *ISDA* demarcasse as duas figuras. O comprador de proteção de um derivado não sofre necessariamente um dano quando ocorre o evento de crédito e o valor que vai receber da contraparte não fica dependente da quantificação desse dano, como aconteceria caso se tratasse de um seguro[215]. Acrescente-se que o segurado deve ter um interesse "digno de proteção legal, relativamente ao risco coberto", sob pena de nulidade do contrato (art. 43º da lei do contrato de seguro), requisito que não é tido em conta na celebração de contratos de derivados. Algumas medidas, por vezes apelidadas de populistas, procuram precisamente recentrar a utilização destes instrumentos no seu objetivo principal de cobertura dos riscos associados à dívida, em especial fazendo os *swaps* de risco de incumprimento assentar no princípio do interesse segurável. A sua real valia está por definir[216]. Por outro lado, a regulação existente quanto a estes instrumentos – Regulamento (UE) nº 236/2012 do Parlamento Europeu e do Conselho de 14 de março de 2012 relativo às vendas a descoberto e a certos aspetos dos *swaps* de risco de incumprimento, aplicável a partir de 1 de novembro de 2012 – é dirigida aos *swaps* constituídos sobre dívida soberana. Neste âmbito, não sendo banidos os *naked CDS*, novas regras garantem uma maior transparência (os detentores de posições consideráveis em *naked CDS* terão de as comunicar aos reguladores),

---

[214] Cf. ROMANO MARTINEZ, *Direito dos seguros. Relatório*, Revista da Faculdade de Direito da Unidade de Lisboa – Suplemento, Coimbra, 2006, p. 9, 42; *Direito dos seguros*, Cascais, 2006, pp. 51 ss.

[215] Neste sentido, cf. LEITE BORGES/TORRES MAGALHÃES, "Derivados, cit., p. 127.

[216] As propostas de regulação dos *CDS* são dirigidas aos derivados sobre a dívida soberana e, mesmo nesse âmbito, não são banidos os *naked CDS*, mas apenas impostas regras que garantem uma maior transparência – os detentores de posições consideráveis em *naked CDS* terão de as comunicar aos reguladores –, atribuição de poderes aos reguladores para obterem informações sobre a circulação dos instrumentos e, em situações excecionais, a autoridade nacional competente (em Portugal a CMVM), sob coordenação da ESMA, poderá temporariamente restringir a utilização de derivados a descoberto.

ao passo que são atribuídos aos reguladores poderes para obterem informações sobre a circulação dos instrumentos e, em situações excecionais, sob coordenação da ESMA, a autoridade nacional competente (em Portugal a CMVM) poderá temporariamente restringir a utilização de derivados a descoberto. Resta definir qual deve ser a regulamentação dos *CDS* celebrados por referência ao capital de uma empresa, questão que nos ocupará de seguida.

3.2.2. *"Empty creditor hypothesis"*: o contributo de Hu/Black e a refutação pela *ISDA*.

O aparecimento e difusão dos *CDS* – desde 2004 – suscitaram um conjunto de estudos, essencialmente motivados pela apresentação, por Hu e Black[217], do problema do *empty crediting*, segundo o qual os agentes económicos protegidos por *CDS* serão indiferentes à sobrevivência e solvência da empresa credora. Um credor totalmente protegido por derivados não terá interesse económico na empresa, já que, em situação de *default* receberá o que era devido pelo credor de referência, com a única diferença de a dívida ser saldada pelo vendedor de proteção[218] e não pela empresa insolvente. A votação de um plano de insolvência por um credor deste tipo estará, então, con-

---

[217] "Equity and debt decoupling and empty voting II: importance and extensions", *University of Pennsylvania Law Review* 156, 2008, pp. 625-739 (728 ss.) disponível em http://ssrn.com.

[218] Por isso, um credor protegido poderá ter um maior incentivo para apresentar a empresa à insolvência, porque isso contará como um evento de crédito, em vez de promover a recuperação extrajudicial. Neste sentido, cf. Hu/Black, "Equity cit., II, p. 732. Note-se que após a aprovação do protocolo *big bang*, em abril de 2009 (disponível em www.isda.org), a reestruturação extrajudicial deixou de ser considerada um evento de crédito para efeito dos *SNAC*, pelo que, de acordo com o raciocínio dos autores seria mais compensador para o credor uma declaração de insolvência, que, sendo um evento de crédito, levará a que receba o total devido, do que uma restruturação da dívida que implicará cedências da sua parte, nomeadamente quanto a prazos de pagamento. Esta ideia é apoiada por Danis, "Do empty cit., 4. Não nos parece, aliás, convincente a refutação da *ISDA*, que argumenta que antes da declaração de insolvência os credores protegidos poderão liquidar o *CDS*. Nesse caso, terão duas hipóteses: vender as obrigações pelo valor de mercado ou ficar com elas, sendo que em qualquer das situações terão interesse económico em promover a melhor situação da empresa.

dicionada pela falta de interesse na sociedade. Têm sido apontados alguns casos, tidos como paradigmáticos, da influência dos *CDS* no processo de insolvência: o caso *Marconi*, em que a empresa de telecomunicações inglesa tentou negociar com um sindicato de bancos, protegidos por *CDS*. A Marconi acabou por não conseguir fazê-lo, tendo de optar por um *debt for equity swap*, que, na essência, eliminou a força dos outros acionistas. Um caso similar aconteceu com a *Mirant Corporation*, uma companhia de energia sediada em Atlanta, que acabou por também ter de recorrer à proteção do *chapter 11* depois de não ter conseguido negociar com os credores protegidos por derivados[219]. O mesmo terá, alegadamente, sucedido nos casos *General Motors* e *Chrysler*.

Perante os estudos realizados pela doutrina americana, a *ISDA*, em 2009, alegando preocupações regulatórias, analisou o problema, concluindo que as conclusões a que Hu e Black haviam chegado não eram plausíveis. A argumentação da associação, na parte que para o nosso estudo assume relevância, é que os *CDS* não alteram o comportamento dos credores no processo de insolvência, uma vez que, sendo típica a liquidação física, esta basear-se-á no valor nominal no ativo, que dependerá da sua cotação no mercado[220]. Ora, na concepção da *ISDA* este factor levará os credores a promoverem a saúde económica da empresa a qualquer custo.

Porém, não parece convincente a refutação que a *ISDA* faz do fenómeno. Por ser uma área que tem de ser objeto de um atento estudo económico, não nos ocuparemos da questão de saber se a hipótese do "credor vazio" é ou não uma realidade. Apenas sabemos que, estando a ser ponderada a sua existência, importa encontrar mecanismos para fazer face a potenciais abusos que resultem dessa situação. Ora, a argumentação da *ISDA* no sentido de que o comportamento dos credores não será diferente no processo de insolvência caso

---

[219] Estes exemplos são apontados por Bolton/Oehmke, "Credit cit., p. 3. Os autores apresentam uma tabela de casos em que consideram nítida a influência dos *CDS* na alteração do comportamento dos credores perante a empresa em situação de insolvência ou insolvência iminente (pp. 4 e 5).
[220] Cf. David Mengle, *ISDA research notes*, nº 3, 2009, p. 12.

estejam protegidos por derivados, não parece proceder. Vejamos. Um credor protegido por um *CDS* poderá votar favoravelmente um plano de recuperação de uma empresa que não é economicamente viável, de forma a transmitir ao mercado uma ideia errada da sua situação económica e, com isso, conseguir defraudar os mecanismos da liquidação física. Por outro lado, não podemos esquecer que, para além de se verificarem casos em que o credor não tem interesse económico na empresa, poderá ainda suceder que o interesse detido seja negativo, ou seja, que os credores lucrem com a falência da empresa. Isto sucederá, tipicamente, em situações de *over hedging*, em que os credores tenham celebrado um maior número de *CDS* do que o ativo subjacente que detêm. Nestas hipóteses, a refutação apresentada pela *ISDA* também não encontrará arrimo.

4. Solução dos problemas levantados pela votação em conflito de interesses

4.1. Identificação das situações potencialmente abusivas

Fica, então, claro que, outras situações não diretamente previstas pelo art. 194º permanecem sem solução. Demos o exemplo do voto dos credores concorrentes e dos credores protegidos por derivados. Perante isto, a primeira questão que se coloca é, naturalmente, saber como identificar as situações de conflito de interesses.

No que ao mercado de derivados diz respeito, o regulamento da CMVM nº 4/2010 sobre os deveres de informação de interesses a descoberto relevantes sobre ações, define no art. 1º/2 o conceito de interesse a descoberto que releva para efeitos do regulamento. Este será a detenção a qualquer título, direta ou indiretamente, de qualquer interesse económico decorrente da obrigação de entrega futura ou de efeito económico equivalente que seja igual ou superior a 0,20% do capital social da sociedade emitente. Tal interesse a descoberto pode resultar, entre outras situações, de transações no mercado de instrumentos financeiros derivados, negociados em mercado ou fora de mercado, designadamente contratos de *swap*, opções e futuros, mesmo que incidam sobre índices ou cabazes (art. 1º/3, *al. c)*). Os interesses a descoberto estão abrangidos por um dever de comunicação à CMVM (art. 4º), mas a comunicação ao mercado apenas deve ser efetuada quando esses interesses sejam iguais ou superiores a 0,5% do capital social da sociedade emitente. Perante isto, poderia parecer difícil levar para o processo de insolvência os dados sobre a detenção deste *hidden non interest*. No entanto, parece-nos que será importante que se implementem especiais regras de cooperação entre a CMVM e os órgãos da insolvência.

Esta é, aliás, uma solução que se coaduna bem com o facto de a sentença de homologação só poder ser proferida passados *no mínimo* 10 dias sobre a data da sua aprovação. Este prazo mínimo pode ser visto com perplexidade, num processo onde predominam preocupações de celeridade, uma vez que, a demora do processo provoca o aumento dos custos diretos e indiretos da insolvência[221].

A utilidade desse prazo mínimo poderá ser, a nosso ver, criar um espaço para que o administrador da insolvência colabore com a CMVM, de forma a que sejam identificados no processo credores que tenham interesses a descoberto, tarefa que pode parecer complicada, especialmente dado o prazo concedido ao administrador (10 dias). Porém, se considerarmos que a CMVM tem necessariamente sistemas de informação, exigir a cooperação entre estas duas entidades não é mais do que uma concretização do princípio constitucional de acesso ao direito e a uma tutela jurisdicional efetiva (art. 20º CRP)[222]. Assim deve o juiz ficar a conhecer a existência de qualquer credor que tenha votado sem interesse ou mesmo com interesse económico negativo na empresa.

Restam as outras situações em que tenha havido acordo de voto, *i.e.*, as situações típicas em que um credor/sócio tenha votado a troco de contrapartidas especiais no processo. Nestes casos, não existindo, como é natural, publicidade do acordo, julgamos que a única forma de essa informação chegar ao conhecimento do juiz, para que este possa formar a sua opinião sobre se deve ou não homologar o plano,

---

[221] Eidenmüller, *Unternehmenssanierung* cit., p. 119.

[222] Este princípio já foi por nós estudado em MADALENA PERESTRELO DE OLIVEIRA, "Conflitos de princípios na repartição da competência material dos tribunais: os casos *aut-aut* e *et-et*", *O Direito*, III, 2010, pp. 593-615.

será, para além de o administrador da insolvência ter um dever de informar o juiz de quaisquer irregularidades que detecte no processo de votação, conceder aos restantes credores a possibilidade de identificarem as situações abusivas. Para tal, é essencial a publicidade concedida à assembleia de credores. O art. 213º não resolve inteiramente a questão, uma vez que a sua letra apenas determina a publicidade da deliberação "de aprovação de um plano de insolvência". Com facilidade identificamos situações em que um plano economicamente viável não foi aprovado por ter existido uma maioria de bloqueio que votou em conflito de interesses. Parece-nos por demais evidente que, pela identidade de situações, a deliberação em que não é aprovado o plano também terá de ser alvo de publicidade. Assim, o art. 213º deverá ser lido como a "deliberação *sobre a* aprovação de um plano" [223], de forma a serem abrangidos pela norma não apenas os casos em que o plano seja aprovado, mas também aqueles em que o mesmo seja rejeitado[224]. Havendo esta publicidade, qualquer credor poderá, no prazo de 10 dias, durante o qual não é permitido ao juiz homologar o plano, identificar um acordo de voto ou uma situação potencialmente abusiva. Assim se encontra utilidade para a exis-

---

[223] Não fugimos aqui à letra da lei. Pelo contrário, a letra constitui o ponto de partida de diversas interpretações, ao mesmo tempo que opera como limite á aplicação do próprio preceito, fixando a fronteira entre a interpretação e a interpretação criativa. No entanto, enquanto não formos tão longe quanto chegarmos a um resultado que não tenha na letra da lei um mínimo de correspondência verbal, ainda que imperfeitamente expresso (art. 9º/2), estamos ainda dentro da máxima de que a interpretação não começa com a letra da lei, mas, sim, com o caso. Neste sentido, cf. MENEZES CORDEIRO, *Tratado* cit., I, pp. 698-700.

[224] Discordamos, portanto, de CARVALHO FERNANDES/JOÃO LABAREDA, *Código* cit., p. 707. Os autores consideram que a publicidade tem de se referir a uma deliberação de aprovação, "o que se compreende facilmente"; não aderimos à facilidade que os autores encontram nesta interpretação. É certo que, ao abrigo do CPEREF eram publicitadas tanto as deliberações de aprovação como as de rejeição das providências recuperatórias; porém, considerando que entre o CPEREF e o CIRE se operou um radical corte, não poderá aqui utilizar-se o elemento histórico da interpretação como auxiliar de semelhante interpretação. Se o legislador não consagrou, no CIRE, a publicidade de qualquer decisão da assembleia não foi para operar uma mudança em relação ao anterior regime, mas, simplesmente, parece-nos, porque não foram ainda tomadas em consideração situações como as descritas em texto.

tência de um prazo mínimo – em vez de um prazo máximo – para a homologação.

4.2. Não homologação do plano. Vício da deliberação?

Permanece em aberto saber qual o vício de que padece a deliberação que aprova ou que rejeita um plano de insolvência havendo votos em conflito de interesses. Na verdade, não podemos dizer que se trata de um vício material, porquanto um credor, mesmo que plenamente protegido por instrumentos derivados poderá estar a votar no sentido que melhor satisfaz o interesse da empresa, tal como o credor que vê o seu voto comprado o poderá fazer, quer seja porque desrespeita o acordo de voto, quer seja porque o acordo, afinal, visa simplesmente assegurar que o plano aprovado é aquele que melhor afiança o estado económico da empresa. Julgamos, portanto, que qualquer uma destas situações poderá ser reconduzida a um vício procedimental, motivo de não homologação oficiosa (art. 215º). Não se coloca a questão de não ser um vício que justifique a não homologação a requerimento dos interessados, já que este mecanismo – concessão de 10 dias para que qualquer interessado identifique o vício procedimental – tem, materialmente, o mesmo efeito que o art. 216º. Nem vamos, aliás, ao arrepio dos prazos estabelecidos no processo de insolvência, uma vez que tem sido defendido que o prazo para a oposição ao plano deverá ser o prazo mínimo do art. 214º, para o proferimento de despacho sobre a homologação da deliberação[225].

No fundo, não entendemos que, em qualquer dos casos que antes apresentamos – acordos de voto a troco de vantagens especiais, votação por credores concorrentes ou por credores segurados por derivados – exista sempre um voto abusivo. Simplesmente, tal como acontece nas situações de impedimentos de voto, previstas no art. 44º do CPA a simples possibilidade de uma situação desse tipo poder ocorrer deverá fundar especiais cautelas.

---

[225] Cf., *v.g.*, MARIA DO ROSÁRIO EPIFÂNIO, *Manual de direito da insolvência*, 4.ª ed., Coimbra, 2012, p. 289.

4.3. Prova de resistência. Influência do voto nulo sobre o sentido geral da deliberação

No direito das sociedades comerciais, em princípio, a vinculação do voto é válida, a não ser que desse acordo resultem vantagens especiais para o sócio que se vincula, caso em que o acordo será nulo (art. 17º/3 CSC). Nestas situações, a deliberação será anulável por via do art. 58º/1, *al. b)*, CSC, ou seja, a deliberação da assembleia não padece automaticamente de qualquer vício pela existência de semelhantes acordos, sendo apenas susceptível de ser anulada. Será que podemos transpor a mesma lógica para o direito da insolvência?

Num cenário insolvencial, duas situações terão de ser equacionadas: foi o voto do credor que votou em conflito de interesses decisivo para a aprovação do plano ou não? Deve, portanto, ser feita a *prova de resistência*: aritmeticamente o voto potencialmente abusivo foi essencial para a aprovação daquele plano de insolvência? Em caso afirmativo, em tese poderíamos optar entre duas soluções. A primeira, mais simples, seria desconsiderar o voto exercido em conflito de interesses e, portanto, entender que o quórum necessário não foi atingido, pelo que o juiz não poderia emitir despacho de homologação do plano, devendo, antes, o processo prosseguir para a fase de liquidação. Não se afigura, porém, que seja esta a melhor solução face aos princípios que até agora defendemos. O processo de insolvência tem como objetivo a satisfação dos credores, mas não pode esquecer-se que a alteração de paradigma a que se procedeu leva a que este objetivo deva ser atingido por meio de um plano de insolvência (preferencialmente de recuperação). Por outro lado, os credores/sócios estão vinculados perante a sociedade a aprovarem o plano que melhor assegure a sua vida económica e estão, ainda, unidos entre si por deveres fiduciários, que asseguram uma conduta leal, que deve traduzir-se em atuações que não prejudiquem outros credores, para obter benefícios próprios. Assim, de acordo com as linhas gerais que até agora desenvolvemos, não podemos enveredar por uma via que, pura e simplesmente, desconsidere o voto abusivo e conduza a empresa à liquidação. Propendemos, portanto, para outra solução: a deliberação deverá ser repetida. Nem se argumente que o factor tempo jogaria contra esta opção. Ao longo do nosso estudo, levámos sempre em consideração este princípio. Mas como os princípios não podem ser tomados como absolutos, tendo, antes, de ser conciliados com outros valores em presença, entendemos que, neste caso, o juiz deverá comunicar o voto que foi prestado em conflito de interesses e convocar nova assembleia, para que esta proceda de forma regular.

O segundo cenário a ponderar é aquele em que o plano de insolvência foi aprovado, sem que o voto potencialmente abusivo tenha sido determinante para atingir a maioria de aprovação necessária. Neste caso, a solução aparentemente mais simples seria o juiz homologar o plano, já que aquele voto não teve impacto na votação, pelo menos de forma matemática. Porém, o voto que aritmeticamente não influenciou a votação, pode materialmente ter produzido esse efeito. Imaginemos que um dos votantes que teve o seu voto comprado ou que estava protegido por *CDS* exerça uma influência notável sobre outros pequenos credores com direito de voto, por hipótese, trabalhadores com menos conhecimentos sobre a situação da empresa e que, por isso, acreditam ser melhor solução seguir o voto de um credor com mais poder e, aparentemente, mais conhecimento sobre a situação da empresa. Neste caso, o voto abusivo "contaminou" os votos de outros votantes. Ou seja, aritmeticamente o voto não foi decisivo para a aprovação do plano de insolvência, mas foi-o no plano material. Será que nestas situações se deverá repetir a votação? É certo que para alguns autores[226] o objetivo da norma que proíbe a compra de votos é assegurar que o votante sem interesse económico na deliberação não influencie a decisão dos restantes credores, havendo também quem[227] a encare apenas como uma norma de proteção dos credores que votam em conformidade com o seu interesse. No entanto, para este grupo de situações a nossa resposta quanto á possibilidade de repetir a deliberação será negativa, por dois motivos. Em primeiro lugar, a repetição da votação basear-se-ia sempre numa

---

[226] Cf., *v.g.*, MICHAEL JAFFÉ, *em* KLAUS WIMMER, *Frankfurter Kommentar zur Insolvenzordnung*, 6ª ed., 2011, Köln, § 226, pp. 1699-1702 (1700). O autor acentua a nulidade do compra de votos, recordando, ainda, que poderá ser considerado crime ao abrigo do § 283c StGB.

[227] Cf., *v.g.*, BREUER cit., p. 1905.

situação de incerteza, considerando que não seria possível o juiz ter em seu poder informação suficiente para conseguir identificar os votos "contaminados". Ora, num processo onde se pretende celeridade, esta só deverá ceder perante a efetiva existência de abusos e não perante meras suspeitas. Em segundo lugar, em geral, o ordenamento jurídico português – bem ou mal – é indiferente a este tipo de ocorrências. Basta pensarmos na norma do art. 248º/5, CSC, que não permite que nenhum sócio seja privado de participar na assembleia geral, mesmo que esteja impedido de votar. Ora, sendo certo que um sócio impedido de votar, que se encontre presente numa votação, poderá, com elevada probabilidade, influenciar o sentido de voto de outros sócios, esta norma parece revelar uma indiferença do nosso ordenamento jurídico em relação à "contaminação" de votos por parte de outros intervenientes.

DECISÕES JURISPRUDENCIAIS[228]

Estados Unidos da América
In re W.T. Grant Co., 699, F. 2d 599 (2d Cir. 1983) – não existem deveres fiduciários entre os credores da insolvência.
Geyer v. Ingersoll Publications Co., 621 A. 2d 784 (Del Ch. 1992) – os administradores de uma empresa insolvente estão vinculados perante os credores por deveres fiduciários.
In re Toy King Distributors, Inc., 256 B.R. 1 (Bankr. M.D. Fla. 2000) – os deveres de boa fé dos administradores perante os sócios estendem-se aos credores no processo de insolvência.
Hechinger Investment Company of Delaware v. Fleet Retail Finance Group et al., 274 B.R. 71-89 (D. Del. 2002) – quando a empresa entra na zona de insolvência os credores, e não apenas os sócios, suportam o risco residual da sua deficiente administração.
North American Catholic Educational Programming Foundation, Inc. v. Gheewalla 930 A.2d 92, 100-101 (Del. 2007) – não existem deveres de lealdade dos administradores perante os credores quando a empresa está insolvente.
In re Security Asset Capital Corporation, 2008, (Bankr. D. Minn. Nov. 5, 2008) – quando a sociedade estiver insolvente ou em insolvência

---

[228] As decisões jurisprudenciais nacionais em matéria de insolvência não abordam os problemas específicos objeto do presente relatório, razão pela qual se indicam apenas sentenças com origem em ordenamentos jurídicos estrangeiros, mais avançados no estudo na questão.

iminente os credores estão vinculados entre si por deveres fiduciários implícitos.

Alemanha
ROHG 20 out. 1877 – os interesses em jogo só são relevantes quando se traduzam em adstrições previstas de forma expressa.

RG 25 set. 1901 (caso Deutsche Tageszeitung) – a exclusão de um sócio é impossível por contrária à essência da sociedade anónima.

RG 8 abr. 1908 (caso Hibernia) – não é contrária aos bons costumes uma exclusão da preferência dos acionistas, mesmo inexistindo interesses atendíveis nesse sentido.

BGH 25 fev. 1982 (caso Holzmüller) – em caso de alienação do estabelecimento da sociedade, a direção deve convocar a assembleia geral.

RG 21 set. 1983 – existem deveres de lealdade dos acionistas entre si e destes perante a sociedade.

BGH 20- mar. 1995 (caso Girmes) – deveres de lealdade dos acionistas perante a sociedade.

LG Traunstein 1999 – um grupo de credores, que integrava dois bancos com créditos garantidos, votou contra um plano de recuperação de uma empresa economicamente viável.

BGH 3. mar. 2005, ZIP 2005 – o plano de insolvência não pode ser homologado quando o voto comprado tiver sido determinante para a sua aprovação.

LG Berlin 27 dez. 2007 – a proteção das minorias contraria o objetivo do plano de insolvência.

BGH 16 dez. 2010 – o BGH desaconselha a apresentação de um plano de insolvência.

BGH 30 jun. 2011 – o BGH retrocede na sua opinião e reconhece o mérito do processo de insolvência.

Itália
Tribunale Biella 23 ap. 2009 – o tribunal tem a faculdade de ajuizar o mérito do "concordato preventivo".

BIBLIOGRAFIA

ALBUQUERQUE, Pedro, "Declaração da situação de insolvência", *O Direito*, ano 137, III, 2005, pp. 507-525.

ALMEIDA, Carlos Ferreira de, "O âmbito de aplicação dos processos de recuperação da empresa e de falência: pressupostos objectivos e subjectivos", *Boletim da Faculdade de Direito da Universidade de Lisboa*, vol. XXXVI, 1995, pp. 383-400.

AMBROSINI, Stefano, "Marchi e falimento", *Giur. Comm.*, 36.6., novembre-dicembre 2009, pp. 1087-1097.

ANTUNES, José Engrácia, *Os instrumentos financeiros*, Coimbra, 2009.

— "Os derivados", *Cadernos do mercado de valores mobiliários*, 30, 2008, pp. 91-136.

ARAÚJO, Fernando, *Introdução à economia*, 3.ª ed., 2.ª reimpr., Coimbra, 2005.

— *Teoria económica do contrato*, Coimbra, 2007.

ARIAS VARONA, Javier, "Instituciones preconcursales. Responsabilidad de administradores sociales y concurso. ¿Dónde está y hacia donde se dirige el derecho español?", Rev. e-mercatoria, vol. 10, nº 2, julio-diciembre 2011, pp. 203-235, disponível em http://ssrn.pt.

ASCENSÃO, José de Oliveira, "Insolvência: efeitos sobre os negócios em curso", *Direito e Justiça*, vol. 19, tomo 2, 2005, pp. 233-261 (*Estudos jurídicos e económicos em homenagem ao Prof. Doutor António de Sousa Franco*, vol. II, PAULO PITTA E CUNHA (coord.), Coimbra, 2006, pp. 255-280.

BAUR, Fritz/STÜRNER, Rolf/BRUNS, Alexander, *Zwangsvollstreckungsrecht*, 13.ª ed., Heidelberg, München, Landsberg, Berlin, 2006.

BEISSENHIRTZ, Volker, "Creditor's rights in german insolvency proceedings – how effective are the procedural rules?", *International corporate rescue*, vol. 3, 2006, 6, pp. 316-321.

Bitter, Georg, "Sanierung in der Insolvenz – Der Beitrag von Treue- und Aufopferungspflichten Sanierungserfolg", *ZGR*, 2010, pp. 147-200.

Bolton, Patrick/Oehmke, Martin, "Credit Default Swaps and the empty creditor problem", *The review of financial studies*, 2011, pp. 1-39, disponível em http://ssrn.com.

Borges, Sofia Leite/Magalhães, Sofia Torres, "Derivados de crédito – Algumas notas sobre o regime dos valores mobiliários condicionados por eventos de crédito", *Cadernos do mercado de valores mobiliários*, 15, 2002, pp. 115-146.

Braegelmann, Tom, ""Chilling effect?" – Gefährdet die Rechtsprechung zur Insolvenzfestigkeit von Lizenzvertägen den Wirtschafts- und Forschungsstandort", *ZInsO*, 14/15/2012, pp. 629-637.

Braun, Eberhard, "Eingriff in Anteilseignerrechte im Insolvenzplanverfahren. Das U.S.-amerikanische Konzept in Chapter 11 Bankruptcy Code und seine deutsche Entsprechung", em Hans Gerhard Ganter/Peter Gottwald/Hans-Jürgen Lwowski, *Fs. für Gero Fischer zum 65. Gerburtstag*, pp. 53-70 (60).

Braun, Susanne, "German insovency act: special provisions of consumer insolvency proceedings and the discharge of residual debts", *German LJ*, vol. 7, nº 1, pp. 59-70.

Breuer, Wolfgang, em *Münchener Kommentar – Insolvenzordnung, Band 2, §§ 103-269*, 2.ª ed., München, 2008, pp. 1903-1905, § 226.

Brito, Maria Helena, "Falências internacionais. Algumas considerações a propósito do código da insolvência e da recuperação de empresas", em *Themis*, 2005, pp. 183-220.

Brockdorff, Christian Graf, em Eva Maria Huntemann/Christian Graf Brockdorff (orgs.), *Der Gläubiger im Insolvenzverfahren*, Berlim/Nova Iorque, 1999.

Buchalik, Robert, "Das Schutzschirmverfahren nach § 270b InsO (incl. Musteranträge). Ein überzeugender Schritt des Gesetzgebers, der Sanierung durch Insolvenz nachhaltig zum Durchbruch zu verhelfen", *ZInsO*, 9/2012, pp. 339-357.

Burger, Anton/Schellberg, Bernhard, "Der Insolvenzplan im neuen Insolvenzrecht", *Der Betrieb*, 47, 1994, pp. 1833-1837.

Câmara, Paulo, *Manual de direito dos valores mobiliários*, 2.ª ed., Coimbra, 2011.

CAMPBELL, Rutherforf B. Jr./ /FROST, Christopher W., "Managers'fiduciary duties in financially distressed corporations: chaos in Delaware (and elsewhere)", 2006 (24 de abril), disponível em http://ssrn.com.

CASTAGNOLA, Angelo, "L'esdebitazione del fallito", *Giur. Comm.*, I, 2006, pp. 448-458.

CORDEIRO, António Menezes, "Introdução ao direito da insolvência", *O Direito*, ano 137, III, 2005, 465-506.

— "Os deveres fundamentais dos administradores das sociedades", *ROA*, II, ano 66 (2006), pp. 443--448.

— "A lealdade no direito das sociedades", *ROA*, III, ano 66 (2006), pp. 1033-1065

— *Tratado de direito civil português*, II, tomo I, Coimbra, 2009

— *Tratado de direito civil português*, II, tomo II, Coimbra, 2010

— *Direito das sociedades*, I, 3.ª ed., Coimbra, 2011

— *Tratado de direito civil português*, I, 4.ª ed. (reformulada e atualizada), Coimbra, 2012

CORDEIRO, Catarina Pires, "Algumas considerações críticas sobre a responsabilidade civil dos administradores perante os accionistas no ordenamento jurídico português", *O Direito*, ano 137º (2005), I, pp. 81-135.

COSTEIRA, Maria José, "Novo direito da insolvência", Themis, 2005, pp. 25- 42.

DANIS, András, "Do empty creditors matter? Evidence from distressed Exchange offers", pp. 1-50, disponível em http://ssrn.com.

DANOVI, Alessandro/MONTANARO, Cristina, "L'amministrazione straordinaria dele grandi imprese in stato di insolvenza; primi spunti di verifica empírica", *Giurisprudenza Commerciale*, 37.2, Marzo--Aprile 2010, pp. 245-281/I.

DRUKARCZYK, Jochen, em *Kommentar – Insolvenzordnung, Band 2, §§ 103-269*, 2.ª ed., München, 2008, § 245, pp. 1998-2033.

EIDENMÜLLER, Horst, *Unternehmenssanierung zwischen Markt und Gesetz: Mechanismen der Unternehmensreorganisation und Kooperationsplichten im Reorganisationsrecht*, Köln, 1999.

ENZO, Rovero, "Il concordato preventive: articoli da 160 a 186 della legga falimmentare", www.diritto.it.

EPIFÂNIO, Maria do Rosário, *Manual de direito da insolvência*, 4.ª ed., Coimbra, 2012.

FERNANDES, Luís Carvalho, "O Código da Insolvência e da Recuperação de Empresas na evolução do regime da falência no direito português", *Estudos em Memória do Professor Doutor António Marques* dos Santos, vol. I, Luís DE LIMA PINHEIRO/DÁRIO MOURA VICENTE/ /JORGE MIRANDA (orgs.), Coimbra, 2005, pp. 1183- 1221.

FERNANDES, Luís Carvalho/LABAREDA, João, Insolvências transfronteiriças – Anotado. Regulamento (CE) nº 1346/2006, do Conselho, Lisboa, 2003.

— Código da Insolvência e da Recuperação de Empresas anotado, 2009 (reimpr.), Lisboa, 2009.

FINCH, Vanessa, Corporate insolvency law. Perspectives and principles, 2.ª ed., Cambridge, 2009.

FONSECA, Gisela Teixeira Jorge, "A natureza jurídica do plano de insolvência", Direito da insolvência. Estudos, coord. RUI PINTO, pp. 65-129.

FRADA, Manuel Carneiro da, "A responsabilidade dos administradores na insolvência", ROA, II, ano 66 (2006), pp. 653-702.

— "A business judgement rule no quadro dos deveres gerais dos administradores", ROA, I, ano 67 (2007), pp. 159-205.

FRANK, Achtim/HEINRICH, Jens, "Ein Plädoyer für einen Wirksamen Beitrag zur Gläubigerautonomie im Insolvenzplanverfahren", ZInsO, 20, 2011, pp. 858-860.

FREGE, Michael/KELLER, Ulrich, Insolvenzrecht, 3.ª ed., München, 2008.

FRÖLICH, Andreas/BÄCHSTÄDT, Nicolas, "Erfolgsaussichten eines Insolvenzplans in Eigenverwaltung", ZInsO, 23, 2011, pp. 985--991.

GALLETTI, Danilo, "Classi obbligatorie? No, grazie!", Giurisprudenza Commerciale, 37.2, Marzo-Aprile 2010, em anotação ao acórdão do Tribunale Biella 23 aprile 2009 (ord.), pp. 343-359/II.

GERSTER, Erwin, "Insolvenzplan, "das unbekannte Wesen" oder "der Maßanzug des Insolvenzrechts"?", ZInsO, 8, 2008, pp. 437-445.

HÄNEL, Robert, Gläubigerautonomie und das Insolvenzplanverfahren, Berlim, 2000.

HERWEG, Christian, Das Obstruktionsverbot bei der Unternehmenssanierung, Köln, 2004.

HESS, Harald/KROPSHOFER, Birger, Kommentar zur Konkursordnung, 2.ª ed., Darmstadt, 1985, § 181, pp. 450-455.

HOBBES, Thomas, Leviathan or the matter, form, and power of a common-wealth ecclesisticall and civill, disponível em inglês moderno em http://socserv.mcmaster.ca/ econ/ugcm/3ll3/hobbes/Leviathan.pdf.

HU, Henry/BLACK, Bernard, "Equity and debt decoupling and empty voting II: importance and extensions", University of Pennsyl-

vania Law Review 156, 2008, pp. 625-739, disponível em http://ssrn.com.

— "Debt, equity, and hybrid decoupling: governance and systemic risk implications", *European Financial Management Journal*, 14, 2008, disponível em http://ssrn.com/abstract=1084075.

J. MONTERO, Félix/RUIZ MONGE, Laura, "La adaptación de la Ley Concursal a los nuevos tempos: la propuesta de anteproyecto de ley de reforma de la Ley Concursal", *working paper IE Law School*, AJ8-173, 2010, disponível em http://ssrn.com.

JAFFÉ, Michael, *em* KLAUS WIMMER, *Frankfurter Kommentar zur Insolvenzordnung*, 6.ª ed., 2011, Köln, § 226, pp. 1699-1702, § 245, pp. 1758-1767.

— "Restruktierung nach der InsO: Gesetzesplan, Fehlstellen und Reformansätze innerhalb einer umfassenden InsO-Novellierung aus Sicht eines Insolvenzpraktikers", *ZGR*, 2-3, 2010, pp. 248--263.

JUNGCLAUS, Martin, "Zu einem dogmatischen Grungfehler des § 108a InsO-E in der Referententwurfs des BMJ v. 18.1.2012", *ZInsO* 17/2012, pp. 724-726.

JÚNIOR, Eduardo Santos, *Da responsabilidade civil de terceiro por lesão do direito de crédito*, Coimbra, 2003.

LARENZ, Karl, *Metodologia da ciência do direito*, 3.ª ed., Lisboa, 1997.

LEITÃO, Adelaide Menezes, *Responsabilidade dos administradores para com a sociedade e os credores sociais por violação de normas de proteção*, RDS 3 (2009), 647-679.

LEITÃO, Luís Menezes, *Direito da Insolvência*, 4.ª ed., Coimbra, 2012.

LOMBARDI, Giuseppe/BELTRAMI, PierDanilo, "I criteri di selezione della procedura più adatta al risanamento di un'impresa in crisi", *Giur. Comm.*, 38.5, settembre-ottobre 2011, pp. 713-740

MACHADO, Baptista, prefácio do tradutor, *em* KARL ENGISH, *Introdução ao pensamento jurídico* (trad. port. da 3.ª ed. alemã de 1964), 3.ª ed., Lisboa, 1965

MADAUS, Stephan, *Der Insolvenzplan*, Tübingen, 2011.

MANDRIOLI, Luca, "Transazione fiscale e concordato preventivo tra lacune normative e principi del concorso", *Giur. Comm.*, 35.2, Marzo-Aprile 2008, pp. 296-325/I.

MARTINEZ, Pedro Romano, *Direito dos seguros. Relatório*, Revista da Faculdade de Direito da Unidade de Lisboa – Suplemento, Coimbra, 2006.

— *Direito dos seguros*, Cascais, 2006.

MENGLE, David, *ISDA research notes*, n.º 3, 2009.

MORAIS, Rui Duarte, "Os credores tributários no processo de insolvência", *Direito e Justiça*, vol. 19, tomo 2, 2005, pp. 201-229.

MORGADO, Abílio Manuel de, "Processos especiais de recuperação da empresa e de falência – uma apreciação do novo regime", *Ciência e técnica fiscal*, nº 370, abril-junho, 1993, pp. 51-113.

MÜLLER, Udo/RAUTMANN, Heiko, "Die Unzulässigkeit des Antrags als Folge der neuen Vorgaben des § 13 InsO", *ZInsO* 21/2012, pp. 918-921.

NUNES, Pedro Caetano, *Dever de gestão dos administradores de sociedades anónimas*, Coimbra, 2012.

OBERMÜLLER, Manfred, "Das ESUG und seine Auswirkungen auf das Bankgeschäft", *ZInsO*, 41/2011, pp. 1809-1821.

— "Der Gläubigerausschuss nach dem ESUG", *ZInsO*, 1/2/2012, pp. 18-25.

OLIVEIRA, ANA PERESTRELO DE, *Grupos de sociedades e deveres de lealdade. Por um critério unitário de solução do "conflito de grupo"*, Coimbra, 2012.

OLIVEIRA, Ana Perestrelo de/OLIVEIRA, Madalena Perestrelo de, "Derivados financeiros e governo societário: a propósito da nova regulação mobiliária europeia e da consulta pública da *ESMA* sobre *empty voting*", *RDS*, IV, 2012, 1, pp. 49-109.

OLIVEIRA, Madalena Perestrelo de, "Abuso de representação e tutela de terceiros: estudo de direito comparado", *RFDUL 50*, n.ᵒˢ 1 e 2 (2009), 507-562.

— "Conflitos de princípios na repartição da competência material dos tribunais: os casos *aut-aut* e *et-et*", *O Direito*, III, 2010, pp. 593-615.

— "As alterações ao regime geral das instituições de crédito: o fim da era do sigilo bancário", *Revista de Concorrência & Regulação*, ano II, 7/8, julho-dezembro 2011, pp. 427-451.

PALMA, Maria Fernanda, "Aspectos penais da insolvência e da falência: reformulação dos tipos incriminadores e reforma penal", *Boletim da Faculdade de Direito da Universidade de Lisboa*, vol. XXXVI, 1995, pp. 401-415.

PARTNOY, Frank/SKEEL, David A. Jr., "The promise and perils of credits derivatives", University of Cincinnati Law Review, Vol. 75, 1019 (2007); disponível em http://ssrn.com/abstract=929747.

PAPE, Gerhard, "Gesetz zur weiteren Erleichterung der Sanierung von Unternehmen", *ZInsO*, 24/2011, pp. 1033-1041.

PAUL, Uwe, "§§ 231, 232 InsO: Planzurückweisung trotz vorliegender Stellungnahmen der Beteilligten? Anmerkung zu BGH, Bescl. V. 30.06.2011 – IX ZB

30/10", *ZInsO*, 07/2012, pp. 259 e 260.

— "Rechtsprechunsübersicht zum Insolvenzplanverfahren 2011", *ZInsO*, 14/15/2012, pp. 613-618.

PIDWELL, Pedro, *O processo de insolvência e a recuperação da sociedade comercial de responsabilidade limitada*, Coimbra, 2011.

PILAR GALEOTE, María del, "El régimen de publicidade de las resoluciones concursales", *Working paper IE Law School*, WPLS09-06, 2009, pp. 1-10, disponível em http://ssrn.com.

PINHEIRO, Luís de Lima, "O regulamento comunitário sobre insolvência – uma introdução", *Nos 20 anos do Código das Sociedades Comerciais*, vol. III, Coimbra, 2007, pp. 153-198.

RAMOS, Maria Elisabete, "Insolvência da sociedade e efectivação da responsabilidade civil dos administradores", *BFDUC*, vol. LXXXIII, Coimbra, 2007, pp. 449-489

RATTUNDE, Rolf, *em* LEONHARDT//SMID/ZEUNER (orgs.), *Kommentar – Insolvenzordnung (InsO)*, 3.ª ed., Stuttgart, 2010, § 226, pp. 1692-1696.

— "Das neue Insolvezplanverfahren nach dem ESUG", *GmbHR*, 8, 15.04.2012, pp. 455-461.

REIS, Nuno Trigo dos, "Os deveres de lealdade dos administradores de sociedades comerciais", *Temas de direito comercial, Cadernos O Direito*, nº 4, 2009, pp. 279-419.

RIBEIRO, Eduarda, *em* ROMANO MARTINEZ et alii, *Lei do contrato de seguro anotada*, Coimbra, 2009, art. 17º.

RÖMERMANN, Volker, em anotação aos §§ 286-303, NERLICH, Jörg//RÖMERMANN, Volker, *Insolvenzordnung: InsO. Kommentar*, 22.ª ed., München, 2012.

ROTH, Hans-Peter ,"Aufnahme von Insolvenzstraftaten in den darstellenden Teil eines Insolvenzplans. Anmerkung zu BGH v. 13.10.2011 – IX ZB 37/08, ZInsO 2012, 173", *ZInsO* 17/2012, pp. 727-728.

SALERNO, Thomas J./KROOP, Jordan A., *Bankruptcy litigation and practice: a practitioner's guide*, 4.ª ed., s/l, 2008.

SANDRELLI, Giulio, "*Insider trading* nel contesto di ristrutturazioni societarie: la pronuncia di un tribunale fallimentare americano", *Rivista delle società*, ano 56, noviembre-dicembre 2011, 6, pp. 1347-1350

SANTOS, Mário João Coutinho dos, "Algumas notas sobre os aspectos económicos da insolvência da empresa", *Direito e Justiça*, vol. 19, tomo 2, 2005, pp. 181-189.

SASSENRATH, Gerd, "Der Eingriff in Anteilseignerrechte durch den

Insolvenzplan", ZIP, 2003, pp. 1517-1530.

SCHIDBERGER, Beate, "Zur Stellungnahme der Gläubigerschutzvereinigung Deutschland e.V. (GSV) zum ESUG – Eine Replik aus der Praxis", ZInsO, 31/32, 2011, pp. 1407-1408.

SCHMOLKE, Klaus Ulrich, "Bericht über die Diskussion", ZGR, 2-3, 2010, pp. 264-269.

SCHULZ, DIRK, *Treupflichten unter Insolvenzgläubigern*, Köln, 2003

SERRA, Catarina, *O novo regime português da insolvência. Uma introdução*, 4.ª ed., Coimbra, 2010.

— "Emendas à (lei da insolvência) portuguesa – primeiras impressões", DSR, março 2012, ano 4, vol. 7, pp. 97-132.

SHARMA, Raghav/SHUKLA, Siddharta, "Credit Default Swaps: gateway to a new world of opportunities and legal risks", Company law journal, vol. 3, 2008, disponível em http://ssrn.com.

SIMÕES, Rui, "A aquisição de empresas insolventes", *em* PAULO CÂMARA (coord.) *Aquisição de empresas*, Coimbra, 2011, pp. 371-399.

SJOSTROM, William K., "The AIG bailout", (1-Nov.-2009) *Washington and Lee Law Review*, Vol. 66 (2009), 943, disponível em http://ssrn.com/abstract=1346552.

SMID, Stefan, "Gerichtliche Bestätigung des Insolvenzplans trotz Versagung seiner Annahme durch Abstimmungsgruppen von Gläubigern – Zur Reichweite des sogenannten Obstruktionsverbot gem. § 245 InsO. Zugleich ein Beitrag zu den Maßstäben der "Obstruktionsentscheidung" des Insolvenzgerichts gem. § 245 InsO nach künftigem Recht", STEFAN SMID/NORBERT FEHL (orgs.), *Recht und Pluralismus, Fst. Hans-Martin Pawlowski*, 1997, pp. 387-441.

SMID, Stefan/RATTUNDE, Rolf, *Der Insolvenzplan*, 2.ª ed., Stuttgart, Berlin, Köln, 2005.

SPIOTA, Marina, "Opposizione allo stato passive: diritto intertemporale", Giur. Comm., 37.1, Gennaio-Febbraio 2010, pp. 92-102/II, em anotação ao acórdão da *Cassazione Civile, I sezione, 5 marzo 2009, nº 5294*.

STAPPER, Florian, "Dia Praxis der Arbeit mit Insolvenzplänen oder die Insuffizienz des insolvenzlans: Diagnose und Therapie", ZInsO, 28/2009, pp. 2361-2367.

STAPPER, Florian/JACOBI, Christoph Alexander, "Der Eigenantrag (§ 13 InsO) nach neuem Recht", ZInsO, 14/15/2012, pp. 628-629.

STEINWACHS, Torsten, "Die Wahl des vorläufigen Insolvenzverwalters durch den (vorläufigen)

vorläufigen Gläubigerausschuss nach dem "ESUG"", *ZInsO*, 10, 2011, pp. 410-412.

STULZ, René M., "Credit default swaps and the credit crisis," *ECGI - Finance Working Paper No. 264/2009*, disponível em http://ssrn.com/abstract=1475323 ou http://dx.doi.org/10.2139/ssrn.1475323.

STÜRNER, Rolf, "Aufstellung und Bestätigung des Insolvenzplans", *Insolvenzrecht im Umbruch. Analysen und Alternativen*, DIETER LEIPOLD (org.), Köln, Berlin, Bonn, München, Heymann, 1991, pp. 41-49.

TORRES, Nuno Maria Pinheiro, "O pressuposto objectivo do processo de insolvência", *Direito e Justiça*, vol. 19, tomo 2, 2005, pp. 165-177.

VERSE, Dirk, "Anteilseigner im Insolvenzverfahren. Überlegungen zur Reform des Insolvenzplanverfahrens aus gesellschaftsrechtlicher Sicht", *ZGR*, 2010, pp. 299-324.

ZIMMERMANN, Walter, *Insolvenzrecht*, 5.ª ed., Heidelberg, 2003.

ÍNDICE

LISTA DE ABREVIATURAS — 7

CAPÍTULO I. A AUTONOMIA DOS CREDORES NO PROCESSO DE INSOLVÊNCIA: REFLEXÃO EM TORNO DO NOVO REGIME LEGAL — 11
1. Introdução — 11
2. O "novo" CIRE e a influência germânica(*InsO-E*) no alargamento dos poderes dos credores: aspetos gerais — 18
3. Obrigação de apresentação de um plano de insolvência? — 25
4. O papel da assembleia de credores na nomeação do administrador da insolvência — 31
5. A administração pelo devedor e a eventual interferência dos credores — 38
6. O Processo Especial de Revitalização (PER) e os *"escudos protetores"* do devedor perante os credores — 43
7. Participação dos sócios da empresa na aprovação do plano ou exclusiva competência dos credores? — 51
8. Balanço: novo CIRE e atuais contornos dos poderes dos credores no processo de insolvência — 55

CAPÍTULO II. DEVERES FIDUCIÁRIOS DOS PARTICIPANTES NO PROCESSO DE INSOLVÊNCIA — 57
1. A importância do estudo dos deveres dos participantes e outros sujeitos no processo de insolvência — 57

2. Primeiro momento de análise: solvência da sociedade 58
   2.1. Deveres da sociedade perante os sócios e credores 59
   2.2. Deveres dos Administradores perante a sociedade,
        os sócios e os credores 59
   2.3. Deveres dos sócios perante a sociedade 65
3. Segundo momento: a situação económica difícil, a insolvência
   iminente e a situação de insolvência efetiva 65
   3.1. O estado da questão nos EUA 65
   3.2. O contributo de outros ordenamentos jurídicos: a proibição
        de obstrução na *InsO* e a *cram down rule* no *BC* 66
   3.3. *Shift of fiduciary duties* em Portugal? 72
   3.4. Deveres que vinculam os credores da insolvência entre si 75

CAPÍTULO III. OS DEVERES ENTRE CREDORES
NA SOLUÇÃO DE PROBLEMAS CONCRETOS
NO PROCESSO DE INSOLVÊNCIA. O EXERCÍCIO
DO DIREITO DE VOTO EM ESPECIAL 81
1. Introdução 81
2. A base da questão: nulidade dos acordos de voto. Insuficiência
   da redação do art. 194º do CIRE 82
3. Outras situações problemáticas 84
   3.1. O voto dos credores concorrentes 84
   3.2. Destaque entre crédito e interesse económico: consequências
        a nível de governo da dívida 85
        3.2.1. Derivados de crédito simples e sintéticos 86
        3.2.2. *"Empty creditor hypoyhesis"*: o contributo de HU/Black
               e a refutação pela *ISDA* 93
4. Solução dos problemas levantados pela votação em conflito
   de interesses 95
   4.1. Identificação das situações potencialmente abusivas 95
   4.2. Não homologação do plano. Vício da deliberação? 98
   4.3. Prova de resistência. Influência do voto nulo sobre
        o sentido geral da deliberação 99

DECISÕES JURISPRUDENCIAIS 103

BIBLIOGRAFIA 105